VISUAL BOOK OF
THE PHYSICS

前　言

本書採圖鑑的編輯理念，利用文字搭配圖解的方式，

深入淺出地把物理學中相關的重要詞彙予以闡明。

中間也穿插許多關於物理的小知識以及有趣的小專欄。

從希望獲得淺易入門書的物理初習者，到想要更深入探究物理學的人，

這本書都十分適合閱讀。

本書首先介紹力學。

對於車子的加速及煞停、球的下落等等，各種物體的運動和與其相關的力之作用，

都配合精美細緻的插圖加以解說。

物質狀態因應溫度所發生的變化，也是物理學的重要主題。

本書對於固體、液體、氣體的不同，以及熱的本質等等

生活周遭的話題，也會做詳細的介紹。

聲和光、地震等等，我們身邊充滿了以波之形式傳送的東西。

在物理學的各種情境中，總是能夠察覺到波的存在，所以波是非常重要的課題。

本書將解說許多能夠幫助我們理解波的話題。

對於構成這個世界一切物體之基底的原子，

以及構成原子的粒子，也有詳細的說明。

看到許多物理學家孜孜不倦地探究肉眼看不到的原子本質，真是令人感動！

最後，主要介紹物理學的未來發展方向。

物理學希望有一天能把整體的宇宙做統一的解釋。

當這項嘗試成功的時候，或許也能揭開宇宙誕生的神祕面紗。

那麼，就讓我們一起來探討這個十分熟悉卻又極其深奧的物理學世界！

VISUAL BOOK OF THE PHYSICS 物理大圖鑑

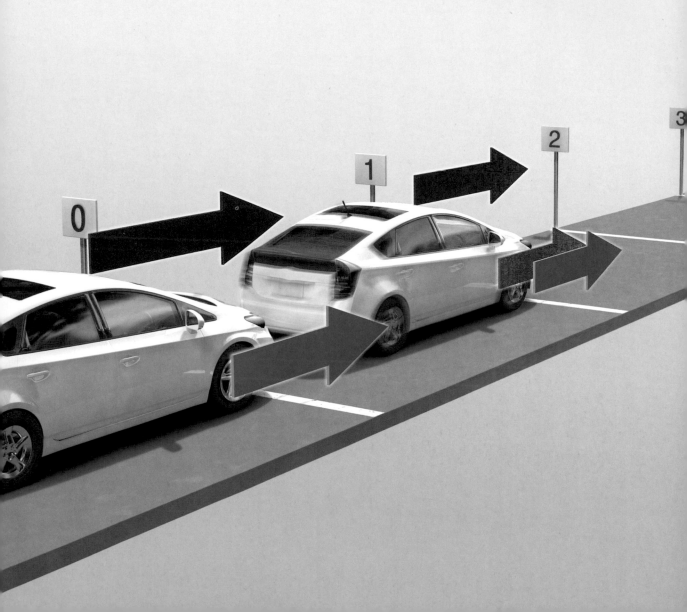

1

力與運動

Force and Motion

原本是運動中的物體會以相同的速度持續前進

空船在空無一物的宇宙空間中飛行,如果有一天燃料用盡了,那麼這艘太空船會在什麼時候停下來而靜止不動呢?事實上,太空船既不會停止,也不會轉彎,而是會以相同的速度永遠筆直地向前飛行。即使不推或不拉,運動中的物體也會持續以相同的速度筆直前進(等速直線運動)。這稱為「慣性定律」。

例如,1977 年使用火箭發射升空的美國航太總署(NASA)太空探測船「航海家 1 號」和「航海家 2 號」,竟然到了 2021 年的現在,依然遵循著慣性定律而持續在宇宙空間中航行(慣性飛行),未來將飛到太陽系外側。

與一切物體運動相關的三項重要定律,慣性定律是其中之一,稱為「運動第一定律」。在我們的日常生活中,由於受到摩擦力、空氣阻力等的阻礙,無法看到物體持續運動的景象。但是,在宇宙空間這種「理想狀態」下,即可看到物體運動的本質。

伽利略與笛卡兒發現的定律

慣性定律是義大利科學家伽利略(Galileo Galilei,1564 ~ 1642)和法國哲學家笛卡兒(Renatus Cartesius,1596 ~ 1650)在同一個時期所提出的。在他們之前,人們一直根據古希臘科學家亞里斯多德(Aristotéles,前 384 ~前 322)提出的觀念,認為「只要不持續施力,物體就無法持續運動」。這兩個人推翻了 2000 年來世人信奉不渝的「常識」。

伽利略　　　　　笛卡兒

持續前進的航海家號

航海家 1 號和航海家 2 號在 1977 年分別發射升空,觀測木星和土星之後,直到今天仍然遵循著慣性定律持續在宇宙空間中航行,未來將飛到太陽系外側。航海家 1 號是距離地球最遠的人造物體,現在仍然不斷地在刷新紀錄。不過,嚴格來說,這兩艘航海家探測船並非始終以完全相同的速度筆直航行,因為它們會受到太陽的重力等影響,導致速度產生些微的變化。

力、速度、加速度的關係。速度的變化量為加速度

原本靜止不動的汽車,踩下油門之後會開始前進,並且逐漸加速。這是因為輪胎的旋轉逐漸加快,使得輪胎把地面「不斷地往後方蹬踢」的緣故。

藉由輪胎「蹬踢」地面,對汽車朝行進方向施力。利用這個力使汽車逐漸加速。當踩下煞車時,則相反地會使汽車減速。如此這般地對物體施力,就會使該物體加速或減速。

假設施加於汽車的力固定不變,則每經過一段時間(例如 5 秒),汽車速度會達到時速 20 公里、時速 40 公里、時速 60 公里等等,以一定的間隔逐漸增加。施加一定的力時,物體的速度會持續產生一定的變化。像這樣在一定時間內的速度變化量,即稱為「加速度」。

加速度與施力的大小成正比。對汽車施加 2 倍的力,則加速度會增加為 2 倍;施加 3 倍的力,則加速度會增加為 3 倍。

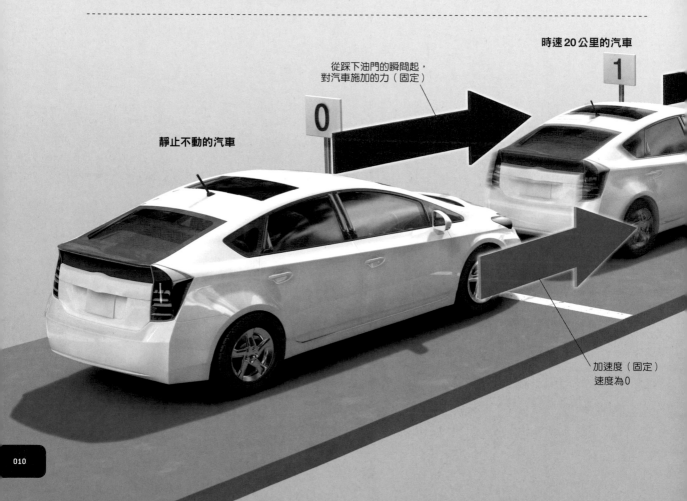

時速20公里的汽車

從踩下油門的瞬間起,
對汽車施加的力(固定)

靜止不動的汽車

加速度(固定)
速度為0

汽車穩步加速

本圖所示為以固定的時間間隔，描繪施加一定力於汽車使之逐漸加速的情形。時速分別為 20 公里、40 公里、60 公里等等，每經一段時間間隔，時速就增加 20 公里，由此可知，加速度始終保持固定。這種運動稱為「等加速運動」。

在物理學上，「速率」和「速度」這兩個名詞具有不同的涵義。速率只表示數值的大小，速度則是速率加上運動方向。如果把方向盤往右轉，就相當於施加往右的力，會使汽車轉向右方。這個時候，即使時速表上顯示的數值（速率）沒有改變，但因為物體的方向改變了，所以速度已經產生變化。所謂的力，可以說是「使物體速度產生變化的東西」。

時速 60 公里的汽車

時速 40 公里的汽車

速度（逐漸增加）

力

速度

加速度

雖然施了力，但速度不必然會產生變化

雖然對物體施力，但是在多個力達到平衡的狀況下，則既不會加速，也不會減速。例如拉繩拔河，當兩邊勢均力敵的時候，朝右的力和朝左的力達到平衡，所以繩子不會朝任何一方移動。還有，對於依據慣性定律而持續運動中的物體，就算對它加上多個力，但若這些力達到平衡，則也是一樣，物體既不會加速，也不會減速，而是以相同的速度持續運動。

「速率」和「速度」是不同的概念

「**速**率」和「速度」這兩個名詞十分相似，但是在物理學上，它們具有不同的涵義，使用在不同的場合。「速度」的涵義還包括運動的方向，經常以箭矢（向量）來表示。另一方面，「速率」則只是表示速度的大小。例如，如果我們說「朝西南方時速 100 公里」，這是指速度；如果只說「時速 100 公里」，則是指速率。

必須注意的是，即使是同一物體的運動，它的速度也可能依觀看的人（觀測者）不同而有所差異。如插圖上段所示，一輛電車以時速 100 公里朝右方行進，車廂內的人朝右方投出一顆球，他所看到的球速是時速 100 公里。而電車外的人則會看到什麼樣的場景呢？

電車外站定不動者所看到的球速（相對速度），會變成以時速 200 公里朝右方飛去。連職業投手都無法投出來的球速，利用「相對速度」的觀點，就能夠輕輕鬆鬆地做到了。

速度會依觀測者的位置而有所不同

如插圖上段所示，假設電車以時速 100 公里朝右方行進，車廂內有人朝右方投球，則車內乘客看來，球的速度為時速 100 公里。但電車外站定不動者所看到的球速（相對速度），則是球朝右之時速 100 公里，再加上電車朝右之時速 100 公里，成為朝右時速 200 公里。

又，如插圖下段所示，假設車內有人朝左方投球，那麼車內乘客所看到的球速仍是時速 100 公里，但電車速度和球速互相抵消，電車外站定不動者所看到的球速將會變成 0，亦即球會往正下方掉落。

專欄 COLUMN   **速度的加法算式**

假設站在地面靜止的人看到的電車速度為 V_A，車廂內的人看到的球速為 V_B，該站定不動者看到的球速為 V，則可利用「$V = V_A + V_B$」（$\vec{V} \to = \vec{V}_A + \vec{V}_B$）的式子來計算。事實上，這個算式對於超高速的運動並不成立。關於這一點，將在第 6 章的相對論進行探討。

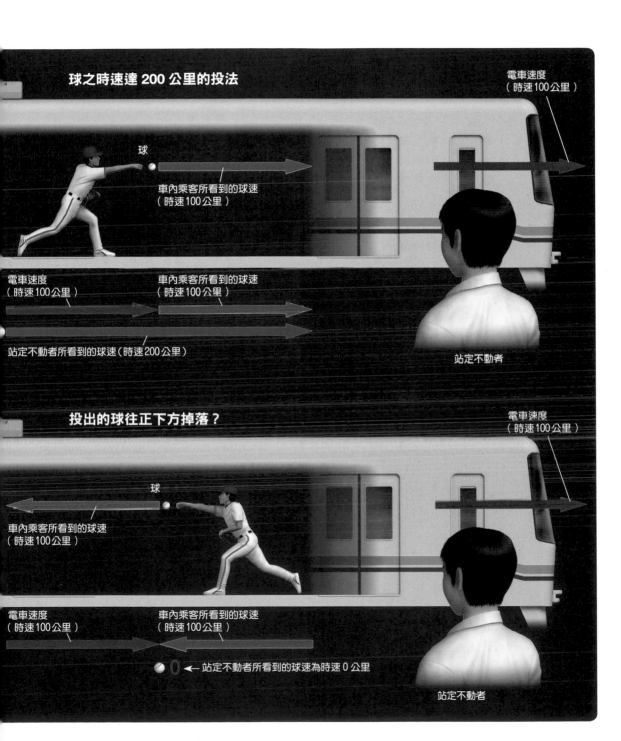

球之時速達 200 公里的投法

電車速度
（時速100公里）

球

車內乘客所看到的球速
（時速100公里）

電車速度
（時速100公里）

車內乘客所看到的球速
（時速100公里）

站定不動者所看到的球速（時速200公里）

站定不動者

投出的球往正下方掉落？

電車速度
（時速100公里）

球

車內乘客所看到的球速
（時速100公里）

電車速度
（時速100公里）

車內乘客所看到的球速
（時速100公里）

0 ← 站定不動者所看到的球速為時速 0 公里

站定不動者

何謂 「加速度運動」？

第 10 頁曾經介紹，施力會使物體的速度（速率和方向）產生變化。物體運動的速度會變化即稱為「加速度運動」。而所謂的力，可以說是「引發加速度運動的肇因」。

所謂的加速度，是指每 1 秒（單位時間）的速度變化。「速率」可以利用「位置的變化（移動距離）÷ 經過的時間」來求算，而「加速度」則是利用「速度的變化 ÷ 經過的時間」來求算。

我們用下圖來說明汽車加速度的情形。圖中

施力會使物體的速度產生變化

踩下汽車的油門，就是施力使汽車前進，會使汽車的速度產生變化（加速度運動）。當所施之力固定時，加速度會保持一定，汽車的速度變化也保持著一定的步調。施加於物體的力和該物體的加速度成正比。

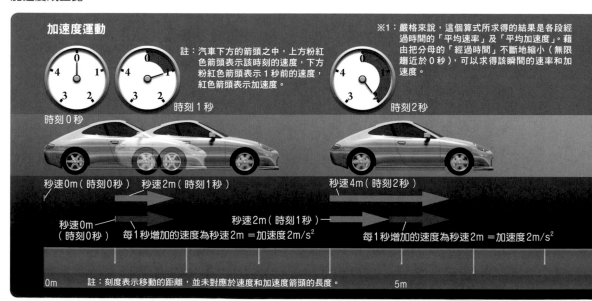

加速度運動

註：汽車下方的箭頭之中，上方粉紅色箭頭表示該時刻的速度，下方粉紅色箭頭表示 1 秒前的速度，紅色箭頭表示加速度。

※1：嚴格來說，這個算式所求得的結果是各段經過時間的「平均速率」及「平均加速度」。藉由把分母的「經過時間」不斷地縮小（無限趨近於 0 秒），可以求得該瞬間的速率和加速度。

時刻 0 秒　　　　時刻 1 秒　　　　　　　時刻 2 秒

秒速 0m（時刻 0 秒）　秒速 2m（時刻 1 秒）　　　秒速 4m（時刻 2 秒）

秒速 0m
（時刻 0 秒）　每 1 秒增加的速度為秒速 2m ＝加速度 2m/s²　　秒速 2m（時刻 1 秒）　　每 1 秒增加的速度為秒速 2m ＝加速度 2m/s²

0m　　　註：刻度表示移動的距離，並未對應於速度和加速度箭頭的長度。　　　5m

從時刻 0 秒到時刻 1 秒的期間，速率從秒速 0 公尺增加為秒速 2 公尺，所以這段期間的加速度為「（秒速 2 公尺－秒速 0 公尺）÷（1 秒－0 秒）」，等於 2〔公尺／秒^2〕。這表示，每 1 秒速度增加秒速 2 公尺。

不過在減速時，也是使用「加速度」這個名詞。減速可以想成是「負的加速」。在插圖中，時刻 3～4 秒的期間，速率從秒速 6 公尺減少為秒速 4 公尺，所以這段期間的加速度為「（4－6）÷（4－3）」，等於－2〔公尺／秒^2〕。此外，即使速率不增不減，若速度的方向（行進方向）改變了，也稱為加速度運動。所謂的加速度運動，是指速度的箭矢（向量）產生變化的一切運動。

還有，油門踩得越深，則汽車的加速度越大，這表示施加了越大的力。若要使相同物體的加速度增加為 2 倍，需要施加 2 倍大小的力。力和加速度成正比。

速度的圖形

下圖表示插圖中汽車速度隨時間的變化。圖形的傾斜程度（斜率）為加速度（速度的時間變化率），圖形與橫軸所圍的面積為移動距離（0～3 秒為 9 公尺，0～4 秒為 14 公尺）。因為與微積分有關，所以省略詳細的說明。

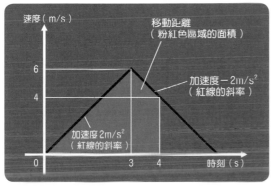

加速度也能以箭矢（向量）來表示

加速度包含大小與方向，可以用箭矢來表示（向量概念，意謂具方向性的量，箭身長度代表大小，箭頭指向代表方向）。速度的方向和加速度的方向不一定會相同。

加速度的計算方法為「平均加速度箭矢（$\vec{a}$）＝速度變化箭矢（$\Delta \vec{v}$）÷經過時間」。下圖速度變化箭矢的長度除以經過時間再加以調整的結果，即為平均加速度箭矢。又，使經過時間趨近於 0 的極限，即為該瞬間加速度箭矢。

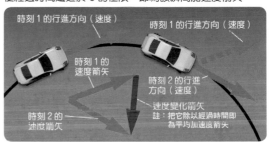

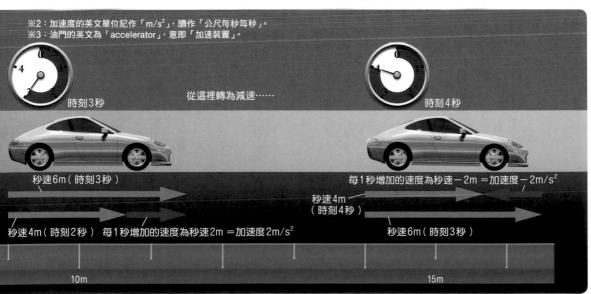

※2：加速度的英文單位記作「m/s^2」，讀作「公尺每秒每秒」。
※3：油門的英文為「accelerator」，意即「加速裝置」。

時刻3秒　　　　　從這裡轉為減速……　　　　　時刻4秒

秒速6m（時刻3秒）　　　　　　　　　　　每1秒增加的速度為秒速－2m ＝加速度－2m/s^2

秒速4m（時刻2秒）　每1秒增加的速度為秒速2m ＝加速度2m/s^2　　　秒速4m（時刻4秒）　　　秒速6m（時刻3秒）

10m　　　　　　　　　　　　　　　　15m

表示「力」與「質量」及「加速度」關係的「運動方程式」

汽車載運的乘客人數較多時，如果踩油門的力道仍和平常相同，將會很難加速。這個現象意味著「越重的物體（質量越大）越難加速」。更精確的說法是「質量與加速度成反比」。也就是說，雖然施加相同的力，但物體重為 2 倍時加速度變成 2 分之 1，而重為 3 倍時加速度則變成 3 分之 1。

另一方面，第 14 ～ 15 頁曾經說明，施加於同一物體的力越大，則加速度越大（力與加速度成正比）。事實上，把這些關係整理之後，可以得到「力（F）＝質量（m）× 加速度（a）」的式子。這個式子稱為「運動方程式」，是與運動相關的三個重要定律之其中第二個，也稱為「運動第二定律」。

運動方程式可以說是一個清楚的式子，告訴我們「對多重物體施加多大的力，會使物體如何加速」。只要知道物體的質量和所施加的力，就能得知該物體的加速度，進而能夠預測該物體運動的「未來情形」。

太空人在無重力（重力極小）的「國際太空站」（ISS）測量體重的時候，也會利用到運動方程式。太空人坐在收縮的彈簧上，只要知道彈簧產生的「力」和乘坐者移動時的「加速度」，就能計算出「質量」。

在ISS測量體重的方法

在身輕飄浮的太空中，無法使用一般的體重計。但只要測量彈簧的力產生多大程度的加速度，即可利用運動方程式計算出太空人的體重（質量）。

運動方程式（運動第二定律）

表示力和質量及加速度關係的式子。這是一切運動的基本定律。

$$F = ma$$

F：力 [N] ※
m：質量 [kg]
a：加速度 [m/s^2]

※：N = kg·m/s^2（牛頓＝公斤·公尺／秒^2）

越輕的人越容易移動

本圖所示為在國際太空站裡利用運動方程式測量體重的機制。把收縮的彈簧力釋放時，乘坐在上面的人越輕則加速度越快，越重則加速度越慢。可以從這時的力和加速度得知質量（體重）。實際上，因為彈簧會上下振動（因為彈簧產生的力及乘坐者的加速度並非恆定），所以在計算上必須具備三角函數等方面的知識，但其原理相同。

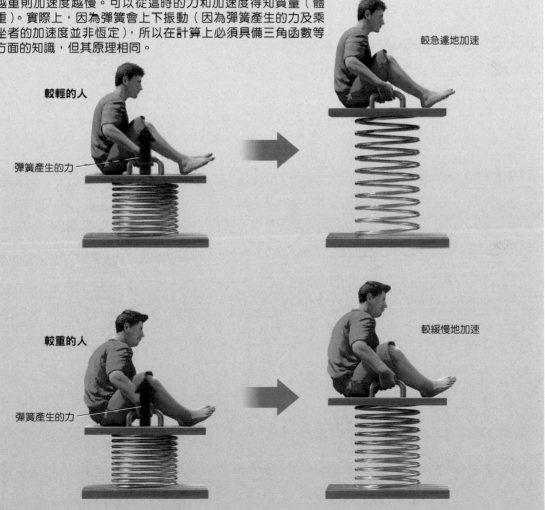

較輕的人

彈簧產生的力

較急遽地加速

較重的人

彈簧產生的力

較緩慢地加速

「較重的物體掉得較快」是錯誤的！

古時候人們認為「較重的物體掉落會較快」。對此提出異議的，是義大利科學家伽利略。伽利略思考，假設較重的球比較輕的球掉得更快的話，那麼用繩子把這兩顆球綁在一起，會是什麼情況呢？假設較重的球會掉得較快，那麼重球應該會被掉落速度較慢的輕球拉住，使得重球的掉落速度變慢吧！但是，把兩個球綁在一起後，整體就成為一個比重球更重的物體，那麼它的掉落速度應該會比重球更快才對啊？也就是說，這個掉落速度會依重量而改變的想法產生了矛盾，這就是伽利略歸納出來的結論。

伽利略更對球在斜面上滾動的速度加以測定，因而發現「球的移動距離與其歷經時間的2次方成正比」。後來確認了這個定律也適用於自由落下的物體，因此稱為「自由落體定律」。

伽利略與比薩斜塔

據說，伽利略為了證明輕物體和重物體都會以相同的速度掉落，因此從比薩斜塔的頂端讓不同重量的鐵球自由墜落。但現在大多認為，這是後代某位弟子創作出來的故事。

下落的物體是因重力而往下掉落

加速度是表示速度每秒各增加多少的程度（→第10頁）。速度每秒各增加 a（公尺／秒），則稱「加速度為 a（公尺／秒^2）」。加速度之所以產生，是因為對物體持續施加一定的力。物體下落也會產生加速度，這是因為地球的重力施加於物體上。

物體和物體之間有互相吸引的力在作用。這個定律稱為萬有引力定律（→第30頁）。在地球和其他物體之間也有引力在作用。這個時候的地球引力就是重力的本源。

由於地球重力而產生的加速度，稱為重力加速度（→第22頁）。假設重力加速度為 g，t 秒後的速率為 v，t 秒後的移動距離為 d，則以下的式子成立：

$v = gt$ (m/s)

$d = \frac{1}{2}gt^2$ (m/s^2)

伽利略
（1564～1642）
義大利物理學家兼天文學家，發現了運動中的物體只要沒有受到外力就會持續原來運動的「慣性定律」等，對物理學提供了許多卓越的貢獻。此外，他也發現了月球表面的凹凸、木星的衛星等等，在天文學領域也留下了不少重大的功績。

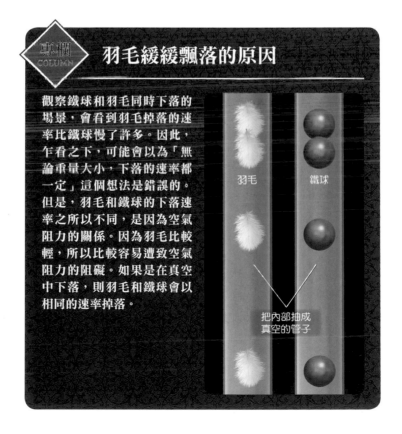

專欄 COLUMN

羽毛緩緩飄落的原因

觀察鐵球和羽毛同時下落的場景，會看到羽毛掉落的速率比鐵球慢了許多。因此，乍看之下，可能會以為「無論重量大小，下落的速率都一定」這個想法是錯誤的。但是，羽毛和鐵球的下落速率之所以不同，是因為空氣阻力的關係。因為羽毛比較輕，所以比較容易遭致空氣阻力的阻礙。如果是在真空中下落，則羽毛和鐵球會以相同的速率掉落。

羽毛　鐵球

把內部抽成真空的管子

投擲物體時的
「拋物線運動」

把 物體朝斜上方投出時,這個物體會在空中畫出一道弧線然後掉落地面。像這樣投擲物體時,物體飛行所形成的軌跡稱為拋物線,而畫出拋物線軌跡的運動即稱為「拋物線運動」。

把拋物線運動分為水平方向的運動和垂直方向的運動這兩個部分來思考,會比較容易理解。如果忽略空氣阻力的話,則水平方向是以一定的速度持續前進。另一方面,在垂直方向上,由於重力的影響,而持續地朝下施加一定大小的力,因此成為加速度運動。

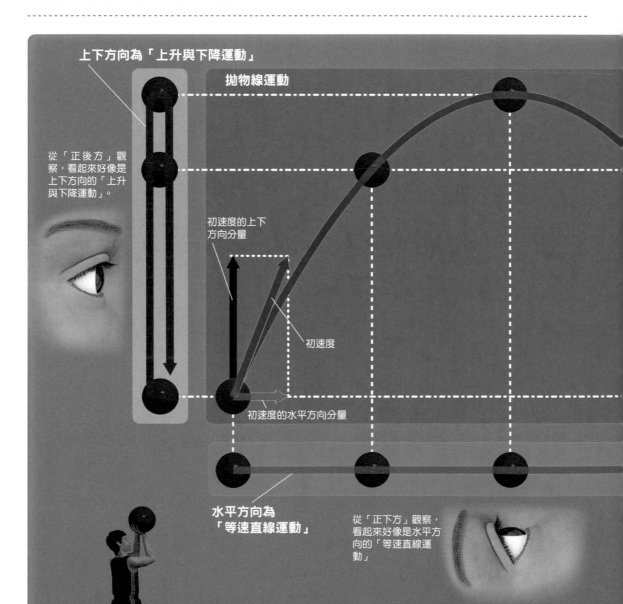

上下方向為「上升與下降運動」

拋物線運動

從「正後方」觀察,看起來好像是上下方向的「上升與下降運動」。

初速度的上下方向分量

初速度

初速度的水平方向分量

水平方向為「等速直線運動」

從「正下方」觀察,看起來好像是水平方向的「等速直線運動」

可分解成兩個運動的拋物線運動

拋物線運動之中，如果只看水平方向的運動，會成為以相同速率前進的等速直線運動。也就是說，如果從正下方觀察飛行中的物體，看起來就會像是以相同速率橫向前進。

另一方面，垂直方向的運動則成為：從頂點到掉落地面之間遵循著自由落體定律，而以固定加速度增加速度的自由落體運動。此外，從投擲的位置到頂點的垂直方向運動，則和自由落體運動完全相反，成為以固定負加速度減少速度的上升運動。也就是說，如果從正後方觀察飛行的物體，會看到物體隨著高度上升而速度漸漸變慢，在到達頂點的瞬間停止，然後轉為下降，並且速度隨著下降之勢而漸漸變快。

所謂的拋物線運動，可以說就是這兩種運動的組合。

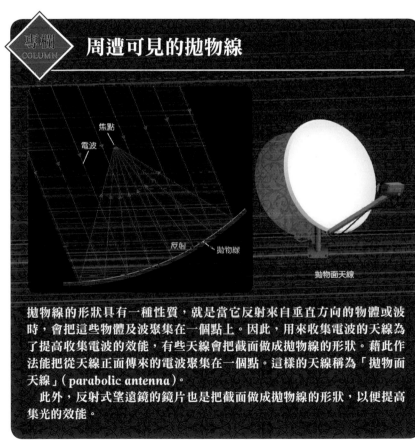

專欄 COLUMN

周遭可見的拋物線

焦點

電波

反射 拋物線

拋物面天線

拋物線的形狀具有一種性質，就是當它反射來自垂直方向的物體或波時，會把這些物體及波聚集在一個點上。因此，用來收集電波的天線為了提高收集電波的效能，有些天線會把截面做成拋物線的形狀。藉此作法能把從天線正面傳來的電波聚集在一個點。這樣的天線稱為「拋物面天線」（parabolic antenna）。

此外，反射式望遠鏡的鏡片也是把截面做成拋物線的形狀，以便提高集光的效能。

什麼是「重量」、「質量」、「重力加速度」？

「**重**量」和「質量」很容易混淆，但其實它們具不同的意涵。重量會依測量的場所而有所不同。在地球上重量為 6 公斤重（kgw）的物體，到了重力為地球表面 6 分之 1 的月球上會變成 1 公斤重，而在無重力狀態下則會變成 0 公斤重。所謂的重量，是指作用於物體的重力大小。

另一方面 質量則是表示「物體運動難易度（加速難易度）」的量。在國際太空站（ISS）內，由於變成沒了重量，所以無論是把乒乓球或鉛球托在手掌上，都不需要用力。即使在無重力狀態下，也是和在地球上相同，質量較大的物體比較難運動，必須施加較大的力才能使它運動（加速）。質量（物體運動的難易度）在任何地方都不會改變。

根據實驗結果，地表附近自由下落物體的加速度（重力加速度）大約為 9.8 [公尺／秒^2]。也就是說，無論質量多大，地球上的自由落體運動，其掉落速度都是以「秒速 0 公尺→秒速 9.8 公尺→秒速 19.6 公尺→秒速 29.4 公尺→……」的步調，每 1 秒各增加秒速 9.8 公尺。因此依據運動方程式，「（地球上的）重力≒質量 ×9.8」。

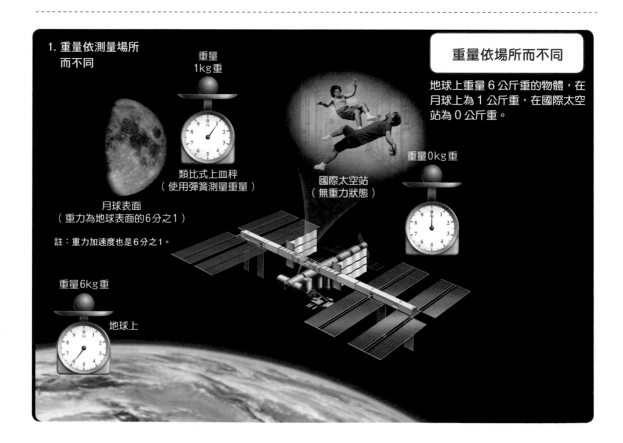

1. 重量依測量場所而不同

重量 1kg重

類比式上皿秤（使用彈簧測量重量）

月球表面（重力為地球表面的6分之1）

註：重力加速度也是6分之1。

國際太空站（無重力狀態）

重量0kg重

重量6kg重

地球上

重量依場所而不同

地球上重量 6 公斤重的物體，在月球上為 1 公斤重，在國際太空站為 0 公斤重。

了解單位的意義

專欄
COLUMN

日常生活中經常使用「公斤」(kg)為重量單位。但嚴格來說，這是質量的單位。在物理學上，重量單位是使用一般力的單位「牛頓（N）」或本節介紹的「公斤重」(kgw)。

依據運動方程式（力＝質量 × 加速度），「牛頓」(N)＝「公斤」(kg)×「公尺每秒每秒」(m/s²)。也就是說，1[N] = 1[kg·m/s²]。此外，也有 9.8[N] = 1[kgw] 的關係。順帶一提，有時會把地球表面的重力加速度記為「1G」，而 1[G] ≒ 9.8[m/s²]。

質量在任何地方都相同

在無重力狀態下，無論是乒乓球或鉛球的重量都是零，但是質量（物體運動的難易度）和在地球上相同。

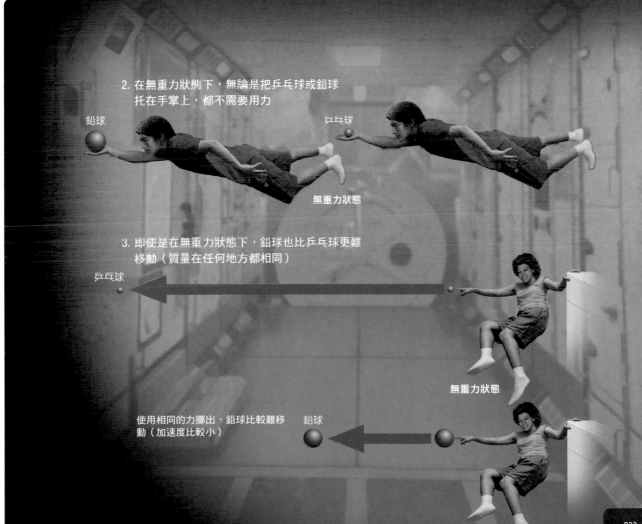

2. 在無重力狀態下，無論是把乒乓球或鉛球托在手掌上，都不需要用力

鉛球

乒乓球

無重力狀態

3. 即使是在無重力狀態下，鉛球也比乒乓球更難移動（質量在任何地方都相同）

乒乓球

無重力狀態

使用相同的力擲出，鉛球比較難移動（加速度比較小）

鉛球

如果力取得平衡，則物體不會加速

一個物體往往不只受到一個力的作用。例如，自天空落下來的雨滴，除了重力之外，也受到「空氣阻力」的作用。在這樣的狀況下，可以把兩個力箭矢（向量）加起來，求算重力和空氣阻力的「合力」。所謂的合力，是指當受到多個力的作用時，具有和這些力同時作用且效果相同的一個力。如果把運動方程式的「力」替換成「合力」，則變成「合力＝質量×加速度」，所以「加速度＝合力÷質量」。

而就空氣阻力的性質觀之，則物體速率越大空氣阻力就越大。以雨滴來說，一開始因為重力而加速，但空氣阻力會在一瞬間增大，最終大到和重力相等。同樣大小的力在作用方向相反時會相互抵消，所以合力變成零。此時即等同於實際上沒有受到力的作用。這樣的狀況稱為「力的平衡」。

受力達到平衡之後的雨滴，會依循慣性定律而維持當時的速度（最終速度）持續落下。雨滴的最終速度為秒速幾公尺，這樣速度即使打在人身上也不覺得痛。

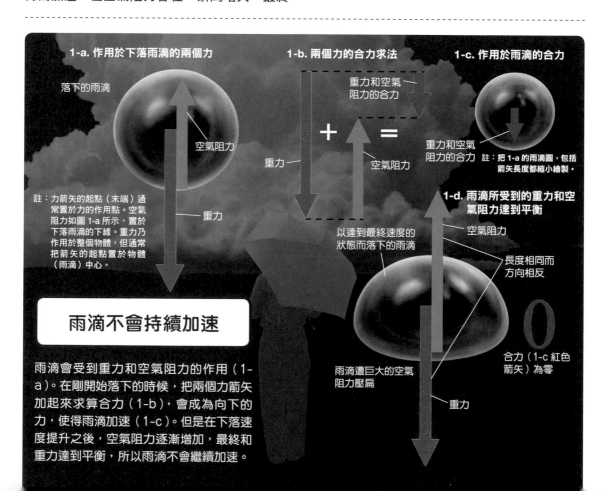

1-a. 作用於下落雨滴的兩個力

落下的雨滴

空氣阻力

註：力箭矢的起點（末端）通常置於力的作用點。空氣阻力如圖 1-a 所示，置於下落雨滴的下緣。重力乃作用於整個物體，但通常把箭矢的起點置於物體（雨滴）中心。

重力

1-b. 兩個力的合力求法

重力和空氣阻力的合力

重力

＋

空氣阻力

＝

以達到最終速度的狀態而落下的雨滴

1-c. 作用於雨滴的合力

重力和空氣阻力的合力

註：把 1-a 的雨滴圖，包括箭矢長度都縮小繪製。

1-d. 雨滴所受到的重力和空氣阻力達到平衡

空氣阻力

長度相同而方向相反

雨滴遭巨大的空氣阻力壓扁

0

合力（1-c 紅色箭矢）為零

重力

雨滴不會持續加速

雨滴會受到重力和空氣阻力的作用（1-a）。在剛開始落下的時候，把兩個力箭矢加起來求算合力（1-b），會成為向下的力，使得雨滴加速（1-c）。但是在下落速度提升之後，空氣阻力逐漸增加，最終和重力達到平衡，所以雨滴不會繼續加速。

生活周遭比比皆是「力的平衡」

「垂直阻力」，是指兩個物體接觸時，作用於接觸面而朝垂直方向「回推的力」。這個力往往遭致忽略，但在我們身邊卻比比皆是。放置於地板上的書櫃，如果上下方向只有重力在作用的話，則物體應該會朝下方移動（加速度運動）才對。但是書櫃卻靜止不動，因此必定有一個反方向的力在作用，抵消了重力。也就是說，地板始終有一個朝上的垂直阻力，一直把書櫃回推。由於書櫃本身的重量，使得下方地板微微凹陷，因此產生推力，欲使凹陷恢復原狀，這就是垂直阻力的來源。此外，如圖所示，人朝水平方向推書櫃，但書櫃不動的狀況，是因為人施加於書櫃的推力和地板施加於書櫃的摩擦力達到平衡。

書櫃

生活周遭各種形式的力

人推書櫃的力

施加於書櫃的重力

地板回推書櫃的力
（垂直阻力）

地板的摩擦力

箭矢（向量）的加法

力、速度或加速度，箭矢的加法都可以利用以下所述的相同方法作圖。首先，把兩個箭矢（綠色箭矢）的起點（箭矢後端）放在一起，再畫出這兩個箭矢為兩邊的平行四邊形。沿著對角線畫出新的箭矢（紅色箭矢），就是兩箭矢之和。也可以採納如下的方法。把箭矢想像成「從起點『移動』到終點（箭矢前端）」。這麼一來，兩個箭矢之和，就相當於兩階段移動的合成。「首先沿第 1 個箭矢的方向移動到該箭尖，再從該處沿第2個箭矢（半透明綠色箭矢）移動到該箭尖」，然後匯整成一次移動（紅色箭矢）。

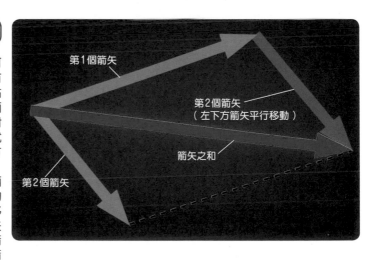

第1個箭矢

第2個箭矢
（左下方箭矢平行移動）

箭矢之和

第2個箭矢

所施加的力會被大小相同方向相反的力推回來

游泳選手藉使勁踢蹬池壁，做一個有力的轉身。這個時候，改變選手前進方向並使他加速的力是什麼呢？由於選手踢蹬池壁，所以是對池壁施力。但若選手本身沒有受到外力，應該無法完成轉身的動作（無法改變運動的速度）才對。

事實上，在施力者施力的同時，必定會有和所施之力大小完全相同但方向剛好相反的力，亦即所謂的「反作用力」作用在施力者身上。這稱為「作用與反作用定律」。在游泳選手踢蹬池壁的同時，池壁會產生一個大小相同的力，把游泳選手推回去。

作用與反作用定律也稱為「運動第三定律」，對於一切的力都成立。

從事高空跳傘的人從數千公尺高的上空跳下時，地球的重力會使跳傘者加速到將近時速200公里。像重力這類會隔空作用於物體的力，作用與反作用定律也成立。也就是說，高空跳傘人受到地球重力吸引而降落時，地球也為跳傘者的「重力」所吸引，而朝跳傘者稍微「落下來」一點點。

作用與反作用定律（運動第三定律）

物體 A 對物體 B 施力時，物體 B 也必定會產生大小相同的力施加於物體 A。這個時候，兩個力的方向剛好相反。游泳選手在轉身時踢蹬池壁，則池壁會產生強度相同但方向相反的力作用於選手。

池壁回推選手的力

選手踢蹬池壁的力

與地球之間的作用與反作用

高空跳傘的場景。地球重力吸引著跳傘者，跳傘者也以相同大小的力吸引著地球。不過，由於地球的質量非常大（約 $6×10^{24}$ 公斤），所以地球移動的距離非常微小。假設一個體重 60 公斤的跳傘者下降 1000 公尺，則地球也只移動大約 0.00000000000000001 毫米而已。這個距離非常細微，僅僅相當於氫原子核直徑的 10 萬分之 1。

緊急煞車時感受到的力
實質上是「慣性力」

在搭乘汽車、火車、飛機等交通工具的時候，是否曾經有過這樣的經驗呢？猛烈加速時感覺被一股力推向椅背（與前進方向相反的力），而在緊急煞車時則感覺被一股力拉離座椅（與前進方向相同的力）。這些力稱為「慣性力」。當汽車以相同的速度前進（等速直線運動）時，並不會有這樣的感覺。慣性力只有在乘坐的交通工具做加速度運動時才會產生。

猛烈加速中的汽車，雖然正朝前方加速前進，但乘客的身體仍然依循慣性定律欲維持加速前的緩慢速度，結果導致乘客跟不上汽車的移動。如果在車內觀察這個情形，乘客會覺得彷彿受到朝後拉的力。這就是慣性力的本質。

值得注意的是，如果由車外靜止者來觀察這個情形，則乘客並不是在做加速度運動，而是保持著相同的速度。根據運動方程式（力＝質量×加速度），由於「加速度＝0」，所以「力＝0」。也就是說，並沒有力作用於乘客身上。慣性力是在進行加速度運動的場所（在這個例子中為汽車內部）中觀察時才會出現的假想力。因此慣性力也稱為「虛擬力」（fictitious force）。慣性力並不是實質作用力，所以不會產生反作用力，而且會因視點不同而呈現或消失。

與加速度運動方向相反的力

汽車猛烈加速時，乘客會感覺好似有股力在往後拉。相反地，緊急煞車時，則會覺得有股力往前拉。這些力就是慣性力，都屬於虛擬力。

1. 正急劇加速的公車裡

於公車加速度相反方向上產生慣性力

慣性力

公車外靜止的觀測者

加速度

註：吊環把乘客的手朝右拉的力（拉力），以及地板把乘客的腳朝右拉的力（摩擦力），都是實際存在的力。從公車內觀察，好似把身體朝左拉的力，就是慣性力。

■ 慣性力
慣性力 $= -ma$
（m 為質量，a 為觀察所在的加速度）

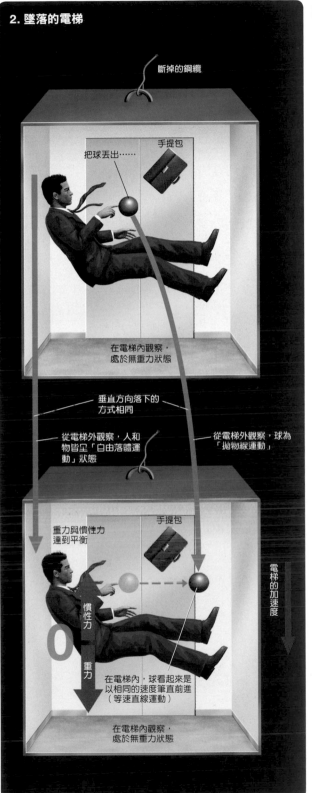

2. 墜落的電梯

斷掉的鋼纜

把球丟出……

手提包

在電梯內觀察，
處於無重力狀態

垂直方向落下的
方式相同

從電梯外觀察，人和
物皆呈「自由落體運
動」狀態

從電梯外觀察，球為
「拋物線運動」

重力與慣性力
達到平衡

手提包

慣
性
力

0

重
力

電
梯
的
加
速
度

在電梯內，球看起來是
以相同的速度筆直前進
（等速直線運動）

在電梯內觀察，
處於無重力狀態

因慣性力而造成無重力狀態

搭乘電梯時，是否會覺得身體有時候變輕了，
有時候卻變重了？這也是因為在電梯加速及減
速時，慣性力發揮作用，導致感覺上重力增強
或減弱。

那麼，如果電梯下降的加速度逐漸增大的
話，會發生什麼情形呢？應該會感覺身體逐漸
變輕，最後重力完全消失了！這是因為上升的
慣性力抵消了重力的緣故。如果鋼纜斷裂，電
梯失去任何支撐而自由墜落，重力會完全消
失。這個時候，電梯和裡面的手提包會始終以
相同的速度落下，看起來就好像一直飄浮在相
同位置。可以說，這就相當於無重力（無重量）
狀態。

還有，在墜落的電梯內把球往旁邊丟出的
話，則從電梯一起墜落的人來看，球並不會掉
落，而是以相同的速度朝丟出去的方向筆直前
進。在電梯內重力看似消失了，並且適用慣性
定律（未受力的物體會以相同的速率持續筆直
前進）。

專欄
COLUMN

也應用於太空人
的訓練

依據慣性力的原理，已可見到以人工
方式造出無重力狀態的實例。令翱翔
高空的飛機做拋物線的自由落體運動
（彈道飛行），即可在機艙內製造出
無重力狀態。這個方法已經實際運用
於太空人的訓練及人造衛星的機器試
驗等方面。

把物體互相吸引在一起的「萬有引力」

所謂的萬有引力，顧名思義，就是「萬物（一切物體）皆具有互相吸引的力」。即使是把兩顆蘋果分開一段距離放在桌子上，也會藉由極其微弱的萬有引力而互相吸引。不過，這個力實在太微弱了，所以會被蘋果與桌子之間的摩擦力等等抵消掉。由於這個原因，我們周邊物體彼此之間萬有引力的效果絕大多數都無法顯現。但是，在無重力且真空狀態的太空中，相隔一段距離的兩個物體應該會藉由萬有引力而互相吸引、接近，終至碰到一起！

萬有引力可以說是支配宇宙的力。例如，地球等各種天體，可能都是由微塵和氣體藉由萬有引力一點一滴地聚集結合而逐漸形成。

牛頓認為，若距離增加為 2 倍，則萬有引力會減弱為 4 分之 1（2^2 分之 1）。也就是說，他認為萬有引力「與距離的 2 次方成反比」而減弱，稱為「平方反比定律」。這個定律在自然界中並不罕見，例如對（來自點光源的）光亮度及電力也都成立。

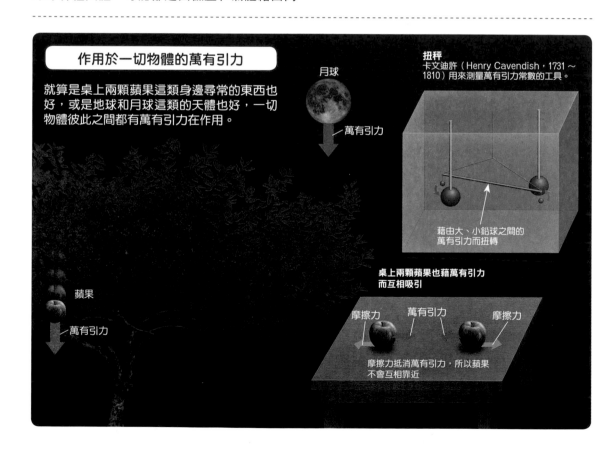

作用於一切物體的萬有引力

就算是桌上兩顆蘋果這類身邊尋常的東西也好，或是地球和月球這類的天體也好，一切物體彼此之間都有萬有引力在作用。

月球

萬有引力

蘋果

萬有引力

扭秤
卡文迪許（Henry Cavendish，1731～1810）用來測量萬有引力常數的工具。

藉由大、小鉛球之間的萬有引力而扭轉

桌上兩顆蘋果也藉萬有引力而互相吸引

摩擦力　萬有引力　摩擦力

摩擦力抵消萬有引力，所以蘋果不會互相靠近

萬
有
引
力

萬有引力定律的公式

把萬有引力定律以算式來表示，會成為右邊所示的式子。這個式子意謂「在兩個物體之間作用的萬有引力，與各個物體的質量成正比，與物體之間的距離2次方成反比」。G為常數，稱為萬有引力常數，$G=6.67×10^{-11}$〔$N \cdot m^2$／kg^2〕。式子中「物體之間的距離」只要視為「與地球重心的距離」就行了。

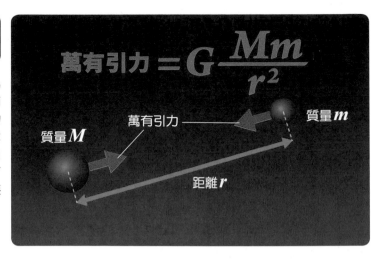

$$萬有引力 = G\frac{Mm}{r^2}$$

質量M　萬有引力　質量m

距離r

萬有引力與重力的區別

萬有引力與重力的意義大致相同，但有些狀況會分開來使用。由於地球在自轉，所以地球上一切物體都會受到輕微的離心力（詳見第36頁）的作用。這個離心力和萬有引力的合力，就是地表的重力。物體掉落的方向就是重力的方向。也就是說，物體（赤道及兩極地區除外）是朝稍微偏離地球中心的方向掉落。宇宙中作用於天體彼此之間的引力也會使用重力這個名詞，此時可以認為它的意義與萬有引力相同！不過，萬有引力這個名詞通常使用於牛頓力學的描述中，而重力這個名詞則不只用在牛頓力學，也廣泛用於廣義相對論（現代的重力理論）等方面。

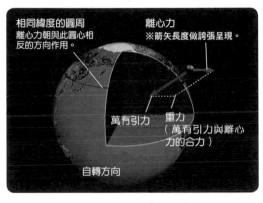

相同緯度的圓周　　離心力
離心力朝與此圓心相　※箭矢長度做誇張呈現。
反的方向作用。

萬有引力　重力
（萬有引力與離心
力的合力）

自轉方向

專欄 COLUMN　平方反比定律的概念

把燈泡發出的光替換成無數條光線來思考。圖中所示，穿透A面（與燈泡的距離為1）和B面（與燈泡的距離為2）的光量相同。B面積為A的4倍（2^2倍）。也就是說，B面的光線密度為A面的4分之1（2^2分之1）。光線的密度相當於該處光的亮度，所以B面的光亮度為A面的4分之1（2^2分之1）。把B面放在距離燈泡r的地方，依據相同的計算，可知該處的光亮度為A面的r^2分之1。亦即，光的亮度與距離的2次方成反比。萬有引力也可以做同樣的思考。

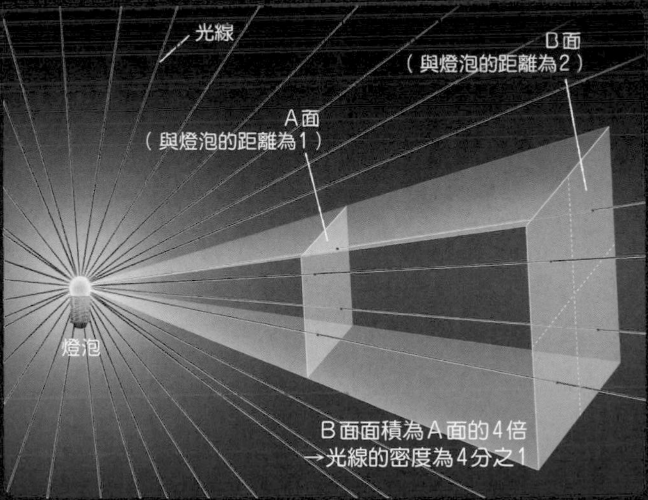

光線

B面
（與燈泡的距離為2）

A面
（與燈泡的距離為1）

燈泡

B面面積為A面的4倍
→光線的密度為4分之1

月球由於持續往地球掉落而做圓周運動

月球誕生至今已逾 45 億年，在這段期間不斷地繞著地球旋轉。雖然因為萬有引力而受到地球的吸引，卻不會掉到地球上，其中原因是什麼呢？這是因為月球以秒速 1 公里的高速相對於地球在運動的緣故。

如果沒有萬有引力的話，月球會依循「慣性定律」而筆直地飛出去（圖中虛線路徑）！但實際上，月球由於萬有引力而被地球拉住，行進方向因此轉彎。如果和依循慣性定律的路徑相比，說是朝地球「掉落」也沒有錯。

高速運動的月球就是這樣，雖然不斷朝地球掉落，卻又始終與地球保持大致固定的距離，而持續做著「圓周運動」（實際軌道是稍微扁平的橢圓）。

萬有引力把月球拴住

月球一直繞著地球旋轉。如果萬有引力突然消失，那麼月球將會依循慣性定律，筆直地飛離出去。相反地，正因為月球由於萬有引力而被地球拉住，所以不會筆直行進，而是不斷朝地球掉落，因此能夠持續做著圓周運動。

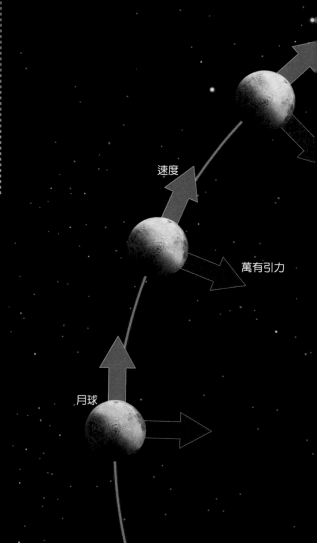

速度

萬有引力

月球

如果萬有引力消失，月球會筆直地飛離而去！

月球的行進方向由於萬有引力而轉彎，不斷地朝地球掉落

專欄
COLUMN

地球也在運動著

依據作用與反作用定律，地球也受到月球的吸引。因此，也會藉來自月球的力而「揮舞」，以地球與月球的共同重心（位於地球內部）為圓心，做著微小的圓周運動。

月球

地球

「離心力」與萬有引力達到平衡的無重力狀態

國際太空站（ISS）內處於所謂的「無重力（或無重量）狀態」，其中乘員在站內飄浮著度過每天的生活。但是，ISS 距離地表的高度頂多數百公里而已，比起地球約 6400 公里的半徑，這段距離可說是微不足道。雖然距離越遠萬有引力越弱，但在高度數百公里的地方，萬有引力的大小和地面上差不了多少，為什麼會成為無重力狀態呢？

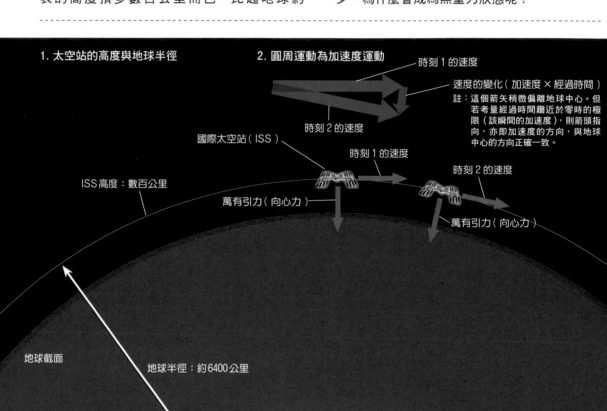

1. 太空站的高度與地球半徑

2. 圓周運動為加速度運動

時刻 1 的速度

速度的變化（加速度 × 經過時間）

註：這個箭矢稍微偏離地球中心。但若考量經過時間趨近於零時的極限（該瞬間的加速度），則箭頭指向，亦即加速度的方向，與地球中心的方向正確一致。

時刻 2 的速度

國際太空站（ISS）

時刻 1 的速度

時刻 2 的速度

ISS 高度：數百公里

萬有引力（向心力）

萬有引力（向心力）

地球截面

地球半徑：約 6400 公里

ISS 環繞地球做著圓周運動。和月球的情況一樣，朝向地球中心的萬有引力以「向心力」的形式作用（亦即具有朝向地球中心的「加速度」）。圓周運動也是一種加速度運動。不過，這裡所說的加速度運動並不是「速率的增減」（速度大小的變化），而是「行進方向的變化」（速度箭矢指向的變化）。

由於 ISS 做著加速度運動，所以從 ISS 內看來，有慣性力朝著背離地球的方向（與加速度的方向相反）在作用。圓周運動的慣性力稱為「離心力」。汽車轉彎時，乘客會感覺到有朝彎道外側方向作用的力，這也是離心力。

在 ISS 內，這個離心力和來自地球的萬有引力剛好達到平衡，所以兩者的影響互相抵消，因而成為無重力狀態。

圓周運動產生的離心力

國際太空站內之所以會成為無重力狀態，是因為來自地球的萬有引力和圓周運動產生的離心力達到平衡而互相抵消的緣故。

轉彎時也會產生離心力

汽車在轉彎的時候，乘坐者所感覺到的朝外之力，也是離心力。不過，汽車的情況和國際太空站不一樣，在抵消離心力的方向（把彎道視為部分圓周時指向圓心的方向）上，並沒有力在作用。

國際太空站（ISS）

離心力
（自 ISS 內觀察時產生的虛擬力）
→與加速度的方向相反

ISS

萬有引力
（向心力）

離心力（慣性力）

汽車的速度

註：汽車的情況和太空站不一樣，在抵消離心力的方向（將彎道視為部分圓周時指向圓心的方向）上，並沒有力在作用。

闡明行星運動的克卜勒三定律

在牛頓卓越表現之前,丹麥天文學家第谷(Tycho Brahe,1546～1601)留下了關於行星運行的龐大觀測資料。在他去世後,他的助手德國天文學家克卜勒(Johannes Kepler,1571～1630)彙整這些資料,從中發現了關於行星運動的「克卜勒三定律」。第一定律為「行星的軌道為橢圓形」,第二定律為「太陽與行星的連線在一定時間內掃過的面積相等(面積速度為一定)」,第三定律為「行星公轉週期平方與其軌道長半徑立方的比值都相同」。

克卜勒三定律是依據天文觀測而得到的經驗法則。克卜勒曾試圖找出這些定律之所以成立的原因,但未能獲得正確的結論。

另一方面,牛頓則認為「萬有引力與距離的平方成反比」,並且嘗試依據自己建立的牛頓力學計算行星的運動。最後,終於成功地從理論上導出克卜勒三定律。牛頓力學和萬有引力定律由於這項成果而獲得科學界的高度評價。

前面幾節以月球等為例,把萬有引力所造成的運動介紹為「圓周運動」。但是,嚴格來說,只有在理想狀況下,才可能由萬有引力促成完全的圓周運動,通常多是橢圓運動。而追根究柢,橢圓就是把圓朝一個方向拉長(或縮短)而形成的結果。反之,圓也可以說是「沒有壓扁的橢圓」,屬橢圓特例。

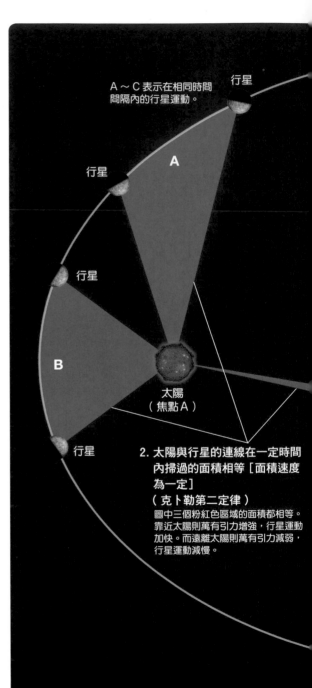

A～C表示在相同時間間隔內的行星運動。

行星

行星

行星

A

B

太陽
(焦點A)

行星

2. 太陽與行星的連線在一定時間內掃過的面積相等[面積速度為一定](克卜勒第二定律)
圖中三個粉紅色區域的面積都相等。靠近太陽則萬有引力增強,行星運動加快。而遠離太陽則萬有引力減弱,行星運動減慢。

確切的圓周運動並不容易

自地表以極快速度朝水平方向投擲物體時，如果物體掉落幅度與地面下降幅度一致，則物體會做圓周運動。但是，如果想要使兩者改變的幅度一致，則必須精密地控制物體的速度。只要比這個速度稍微大或小一點，那麼物體掉落幅度和地面下降幅度就會失去一致性，導致物體動線呈橢圓軌道。

成為橢圓軌道
物體掉落幅度
地面下降幅度

成為圓形軌道
（物體掉落幅度與
地面下降幅度相等）

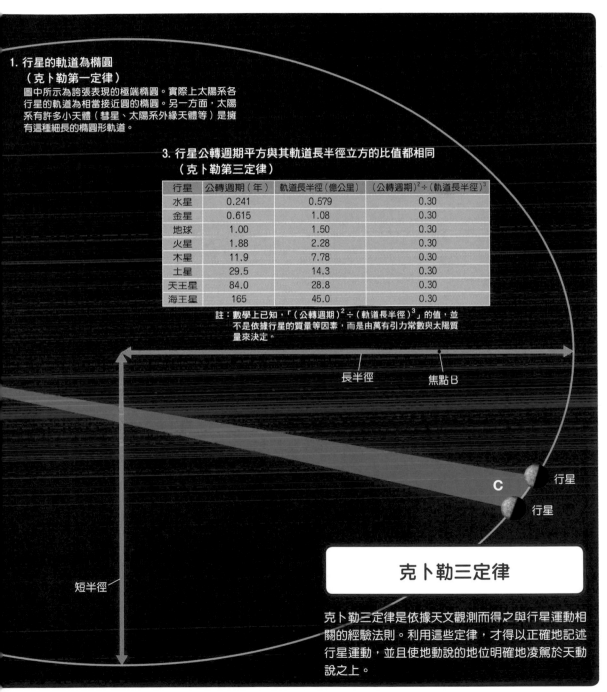

1. 行星的軌道為橢圓
（克卜勒第一定律）

圖中所示為誇張表現的極端橢圓。實際上太陽系各行星的軌道為相當接近圓的橢圓。另一方面，太陽系有許多小天體（彗星、太陽系外緣天體等）是擁有這種細長的橢圓形軌道。

3. 行星公轉週期平方與其軌道長半徑立方的比值都相同
（克卜勒第三定律）

行星	公轉週期（年）	軌道長半徑（億公里）	(公轉週期)^2÷(軌道長半徑)^3
水星	0.241	0.579	0.30
金星	0.615	1.08	0.30
地球	1.00	1.50	0.30
火星	1.88	2.28	0.30
木星	11.9	7.78	0.30
土星	29.5	14.3	0.30
天王星	84.0	28.8	0.30
海王星	165	45.0	0.30

註：數學上已知，「(公轉週期)^2÷(軌道長半徑)^3」的值，並不是依據行星的質量等因素，而是由萬有引力常數與太陽質量來決定。

長半徑　　焦點B

短半徑

C

行星

行星

克卜勒三定律

克卜勒三定律是依據天文觀測而得之與行星運動相關的經驗法則。利用這些定律，才得以正確地記述行星運動，並且使地動說的地位明確地凌駕於天動說之上。

兩物體「動量」的總和不會改變

時值2018年6月，日本JAXA的探察機「隼鳥2號」歷經大約3年半的時間，飛越30億公里的距離，抵達了小行星龍宮。在沒有空氣也沒有任何東西的宇宙中，隼鳥2號要如何加速呢？

想像一下，坐在裝有腳輪的椅子上，兩腳離地，雙手用力把籃球丟出去的場景！在把籃球丟出去的瞬間，椅子會因為「反動」（施加於籃球之力的反作用）而朝與籃球去向相反的方向滑動。隼鳥2號則是使用「離子引擎」進行同樣的操作，藉此達到加速的目的。離子引擎是種會朝後方噴出氣體狀氙（Xe）離子的裝置。隼鳥2號便是利用噴出氙離子的反動，來進行加速。

這個現象可以利用「動量守恆定律」來說明。所謂的「動量」，是利用物體「質量×速度」所求得的「運動勁道」。動量守恆定律就是「只要沒有從外部施力，則兩個物體動量的總和永遠保持固定」。

以剛才的例子來說，坐在椅子上的人和籃球一開始都沒有動，動量的總和為零。然後，把籃球丟出去時，產生籃球朝前飛的動量，以及人朝後滑動的動量。由於兩個動量大小相同但方向相反，所以其動量總和與籃球丟出去之前的總和一樣也是零，也就是動量維持不變。

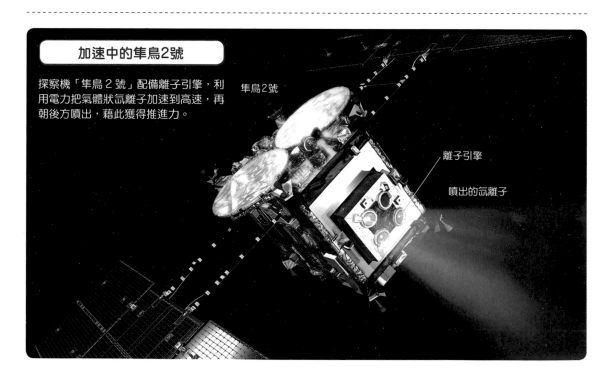

加速中的隼鳥2號

探察機「隼鳥2號」配備離子引擎，利用電力把氣體狀氙離子加速到高速，再朝後方噴出，藉此獲得推進力。

隼鳥2號

離子引擎

噴出的氙離子

動量守恆定律

如果沒有從外部施力，則物體動量的總和
會永遠保持固定。當一個人坐在裝有腳輪
的椅子上，並把籃球丟出去的時候，籃球
和人都會產生動量，兩個動量的大小相同
但方向相反，所以丟球前與丟球後兩者的
動量總和都是零，動量沒有改變。

　　動量可以利用「質量 × 速度」求得。
也就是說，把越重的物體越快地投擲出
去，則坐在椅子上的人會獲得越大的動
量，而以越快的速度移動。

人的
動量

球的動量

$$\longleftarrow + \longrightarrow = 0$$

專欄 COLUMN　　　**從鱷魚池逃生！**

一個男人在有鱷魚棲息的水池裡划船，不小心船槳掉落到池裡。只要再稍微移動一下，就能到達
棧橋。但是小船沒有裝設引擎，船上也沒有繩索之類的器材，而且池中平靜沒有水流，水面沒有
刮風，岸邊也沒有人可以求救。想要用手划動，可是池裡潛藏著鱷魚，恐怕會發生危險。不過，
船上倒是載著一個沉重的行李箱。這個時候該如何是好呢？

　　如果了解動量守恆定律，就還有逃生的機會。把船上的行李箱朝想要前進之方向（棧橋方向）
的反方向用力去擲出去，應該就能使小船移動而抵達棧橋。

利用棒球來思考 「動量」和「衝量」

關於「動量」（物體的運動勁道），我們舉棒球為例來思考看看。捕手使用手套接球時，會感受到「有勁道」，應該是球速的關係吧！不過，除了「速度」之外，還有另一個因素也會左右球的勁道。假設違反規則，在球的內部塞入一個沉重的鉛塊，那麼，捕手所感受到的勁道應該會比速度相同的輕球（正常的球）更大！由此可知，「質量」也是影響運動勁道的重要因素。

動量可以利用「質量×速度」來表示。質量越大，或速度越快，則動量變得越大。此外，動量具有方向，可以使用箭矢（向量）來表示。動量的加法和速度及力相同，也可以利用箭矢的加法來處理。

球的動量能夠藉由施加外力使其改變。動量和力的關係為「動量的變化量＝力×（施力時間）」。所謂動量的變化量，是指「（施力後的動量）－（施力前的動量）」。關係式右邊的「力×（施力時間）」稱為「衝量」。施加的力越大，或施力時間越長，則動量的變化量越大。捕手接球的行為，可以說是捕手的手（手套）對球施加了與球行進方向相反的力，使球的動量變成零（速度變成零）。

依據衝量的式子可知，當捕手接球（使球的動量變成零）時，只要拉長「施力時間」，那麼施加於捕手手上的力就會減小。也就是說，如果手套塞入較多的填充物，或接到球時把手套往後挪移，藉此拉長球與手套的碰撞時間，便能減輕接球時的衝擊力道。拳擊手的手套能夠緩和手所承受的衝擊，從高處跳下時彎曲膝蓋可以減輕著地時的衝擊，也都是基於相同的道理。

此外，揮棒打擊時，也是對球施加衝量，藉此改變球的動量。所謂打擊，以物理學的語言來說，可以說就是這麼回事：「如何妥適地揮動球棒，使它對球施加衝量，以便產生符合期望的動量變化（球的落點）」。

投手　　　1. 球之勁道（動量）的決定
　　　　　　因素是什麼？

球的動量
（質量×速度）

捕手

球的動量

球的動量可以用球的質量×速度來表示。

動量與衝量

已知存在著「動量的變化量＝衝量」的關係。衝量可以利用「力 ×（施力的時間）」求得。依據物理學來思考棒球，則接球是使用手套對球施加與其行進方向相反的力，使球的動量變成零。而打擊可以說是使用球棒對球施加衝量，使球的動量產生變化。

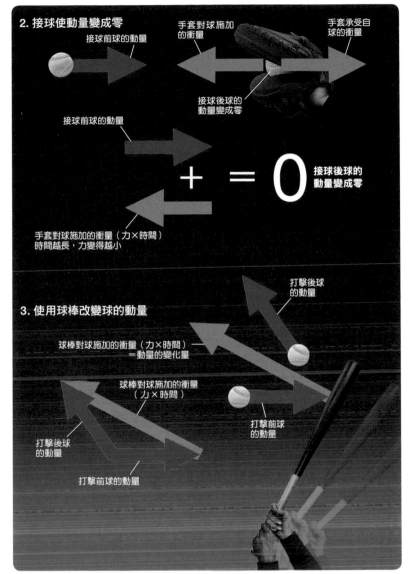

2. 接球使動量變成零

接球前球的動量

手套對球施加的衝量

手套承受自球的衝量

接球後球的動量變成零

接球前球的動量

$+$ $=$ 0 接球後球的動量變成零

手套對球施加的衝量（力×時間）時間越長，力變得越小

3. 使用球棒改變球的動量

打擊後球的動量

球棒對球施加的衝量（力×時間）＝動量的變化量

球棒對球施加的衝量（力×時間）

打擊後球的動量

打擊前球的動量

打擊前球的動量

球的恢復係數

兩個物體碰撞，則碰撞後與碰撞前兩者互相遠離及接近的速率比例，稱為「恢復係數」(coefficient of restitution)。由於一部分動能會因為碰撞而轉換成聲音或熱等能量，所以恢復係數通常小於 1。兩個物體越堅硬，則恢復係數越接近 1。在棒球之類的運動中，球的恢復係數對於比賽具有重大的影響。在日本的職業棒球界，曾經因為採用球的恢復係數有所改變，導致整體的全壘打數量等紀錄與常年相比出現很大的變動。

能量可以互相轉換，但總量不變

想像一下拿著球拍站在高處用力拍擊網球的情景，如果以相同速率朝不同角度擊出，在哪一種狀況下，網球著地瞬間的速率能達到最快（空氣阻力忽略不計）？

事實上，無論哪一種狀況，網球著地瞬間的速率都相同。其原因只要考慮會隨物體「狀態」而變化的「能量」即可明白。在此情形中網球所具有的能量主要有兩種。第一是根據球之運動速率而定的「動能」，第二則是依球之位置高度而定的「位能」。

朝斜上方擊出的網球，受重力影響，速率逐漸變慢，「動能」因此逐漸減小。但是，隨著網球逐漸往高處飛升，「位能」也逐漸增加。動能減少而位能增加，兩者一增一減的分量相同，也就是說，動能和位能的總量始終保持固定。這稱為「力學能量守恆定律」。

在網球擊出的瞬間，無論是朝哪個角度飛去，只要速率相同，就具有相同的動能。此外，由於高度相同，所以位能也都相同。而且在著地的瞬間，每顆網球都位於相同的高度，所以全都具有相同的位能。這麼一來根據力學能量守恆定律，任何網球在著地的瞬間都具有相同的動能，亦即具有相同的速率。

能量的種類五花八門，例如光能、電能、熱能等等，而且能量會依各式各樣的現象而轉換。但即使發生多次轉換，能量的總和也絕不會改變。此即所謂的「能量守恆定律」。

位能的大小 ——
動能的大小 ——

球速會如何變化？

以相同速率擊出的球，會因為飛出去的角度不同，導致著地瞬間的速率有所差異嗎？依據力學能量守恆定律，位於相同高度的球具有相同的位能（球綠色區）和相同的動能（球橙色區）。也就是說，任何球於著地瞬間的速率都相同。

隨著上升……
位能增加動能減少
總量不變

力學能量守恆定律

當只有重力作用時，動能和位能的總和會保持固
定。而如以下的式子所示，動能隨速率的 2 次
方成正比增大，位能與高度成正比增大。

動能

$$K = \frac{1}{2}mv^2$$

K：動能 [J] ※
m：質量 [kg]
v：速率 [m/s]

位能

$$U = mgh$$

U：位能 [J]
m：質量 [kg]
g：重力加速率 [m/s^2]
h：高度 [m]

※：J = kg·m^2/s^2（焦耳＝公斤·公尺^2/秒^2）

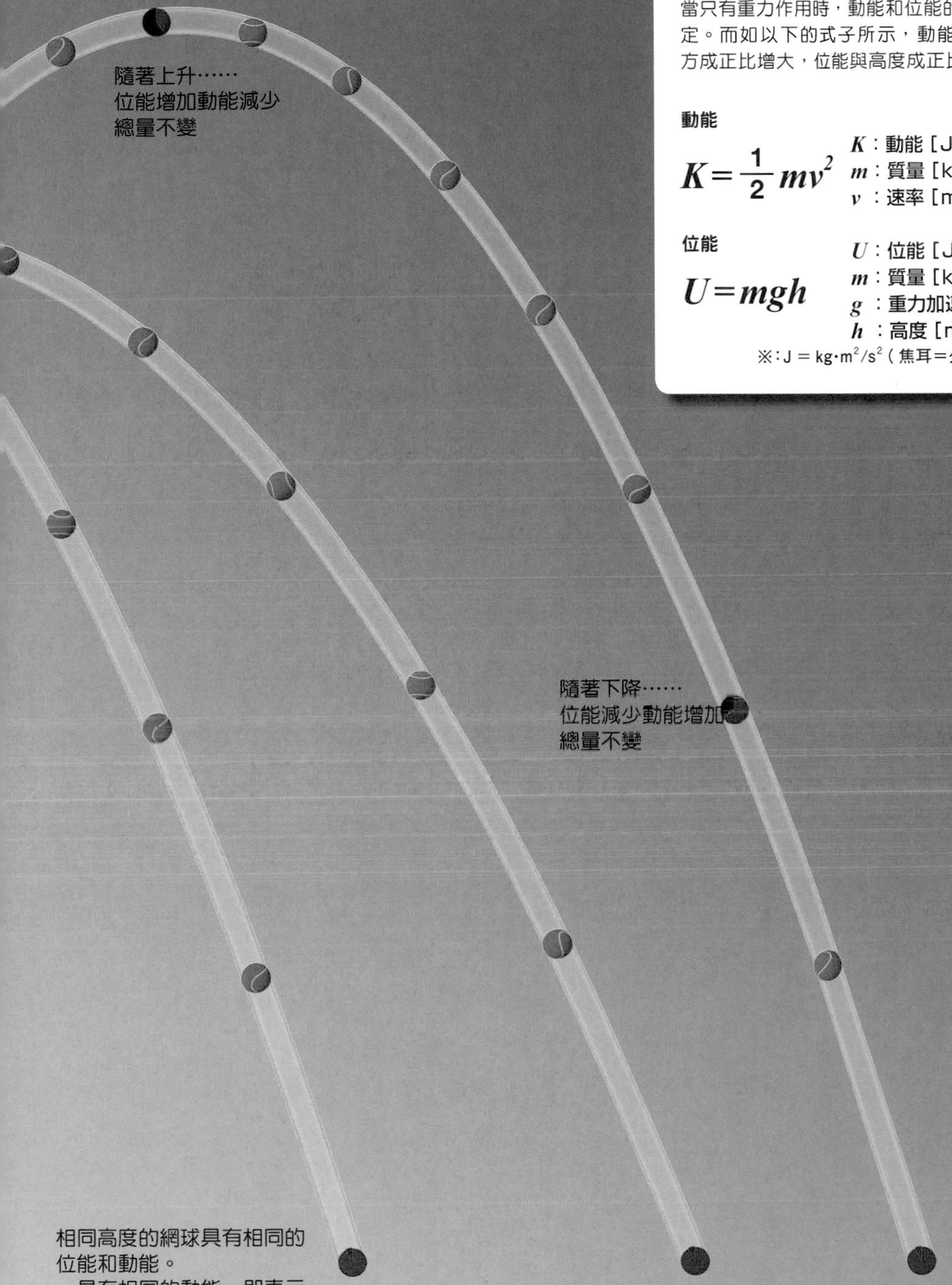

隨著下降……
位能減少動能增加
總量不變

相同高度的網球具有相同的
位能和動能。
　具有相同的動能，即表示
以相同的速率在運動。

拉起重物的 「滑輪」

把 繩索或鋼纜掛在旋轉的圓盤上,拉動繩索或鋼纜以便移動物體,這種裝置稱為滑輪。使用滑輪,能夠使力不致逸失,或者改變力的方向。

　　把輪軸的位置固定,使圓盤的位置不會產生變化的滑輪,稱為「定滑輪」。相對地,輪軸的位置沒有固定,導致圓盤的位置會產生變化的滑輪,稱為「動滑輪」。

　　動滑輪不僅能改變力的方向,也能使所需之力的大小減少為 2 分之 1。因此,使用動滑輪可以把原本無法拉高的沉重物體拉起來。

即使是動滑輪 也不會改變所做的功

動滑輪的滑輪本身沒有固定,而是把繩索的一端固定。因為物體的重量有一半加在固定的部分,所以拉力只需要直接拉起來時的 2 分之 1 就行了。但是,想要拉起物體而拉繩索時,滑輪本身也會朝上方移動,所以拉繩索的距離增加為 2 倍。

　　假設拉起物體所做的功為 W(J),所需的力為 F(N),拉繩索的距離為 s(m),則

$W = Fs$

這個式子成立。

　　使用動滑輪,所需的力只要 2 分之 1,但拉繩索的距離增加為 2 倍。因此,雖然使用動滑輪,但所做的功本身並沒有改變。

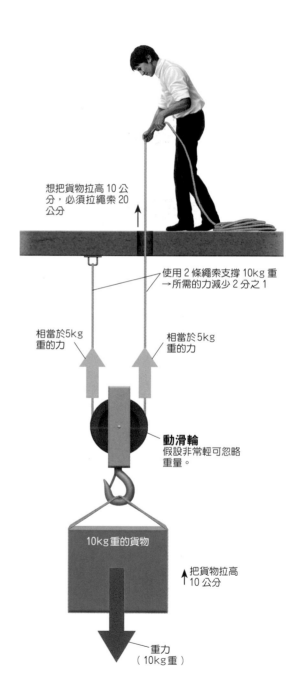

想把貨物拉高 10 公分,必須拉繩索 20 公分

使用 2 條繩索支撐 10kg 重 → 所需的力減少 2 分之 1

相當於5kg 重的力

相當於5kg 重的力

動滑輪
假設非常輕可忽略重量。

10kg 重的貨物

把貨物拉高 10 公分

重力 (10kg 重)

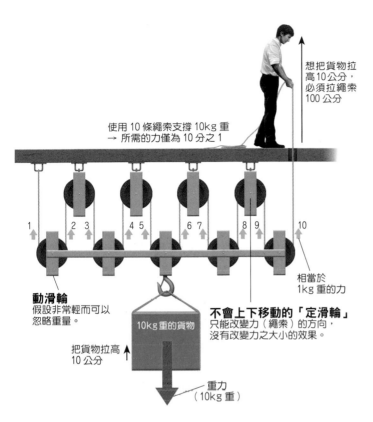

想把貨物拉高10公分，必須拉繩索100公分

使用10條繩索支撐10kg重
→ 所需的力僅為10分之1

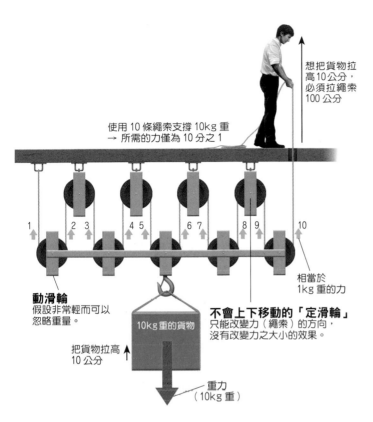

1　2　3　　4　5　　6　7　　8　9　　10

動滑輪
假設非常輕而可以忽略重量。

相當於1kg重的力

不會上下移動的「定滑輪」
只能改變力（繩索）的方向，沒有改變力之大小的效果。

10kg重的貨物

把貨物拉高 ↑ 10公分

重力（10kg重）

動滑輪的數量與力的大小

使用 1 個動滑輪，拉力減為 2 分之 1。使用 2 個動滑輪，拉力減為 4 分之 1（$\frac{1}{2} \times \frac{1}{2}$）。像這樣，每增加 1 個動滑輪，力就減少 2 分之 1。也就是說，使用更多的動滑輪，便可依動滑輪的數量而拉起不同重量的物體。

但是，拉繩索的距離則隨力的大小成反比增大，因此所做的功仍然沒有改變。

COLUMN
專欄

生活中常用的滑輪

電梯是滑輪應用在生活中一個常見的例子。除此之外，還有吊車、汽車工廠中的吊架、體育館內用來抬起籃球架的滑輪等等。

使用多個動滑輪

利用「槓桿原理」移動重物

把棍子等物的某個部位支撐住，在另一個部位施力，以便移動或切斷物體的裝置，稱為「槓桿」。利用槓桿，只要做很小的動作即可造成很大的動作，或者施加很小的力便能產生很大的力。

　　槓桿上，支撐棍子的部位稱為「支點」，施加力的部位稱為「施力點」，對其他物體起作用的部位稱為「抗力點」。藉由這3個點的位置關係，可以把槓桿分為3種。第一種槓桿的支點位於施力點和抗力點之間，第二種槓桿的抗力點位於支點和施力點之間，第三種槓桿的施力點位於支點和抗力點之間。

利用力矩的槓桿

使物體旋轉的力稱為「力矩」。槓桿可以說就是這樣一種裝置：利用以支點為轉軸的旋轉運動，產生力矩以便移動物體。

　　設施力的大小為 F(N)，旋轉的半徑為 r(m)，則力矩可以用「$M = Fr$」的式子來表示，記成 M(Nm)。由這個式子也可以知道，力矩與施加的力成正比，與半徑也成正比。

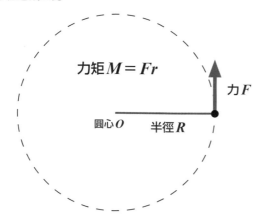

力矩 $M = Fr$

力 F

圓心 O　　半徑 R

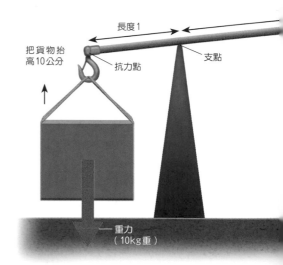

長度1

把貨物抬高10公分

抗力點

支點

重力
（10kg重）

生活中的槓桿

生活中有各式各樣的工具運用了槓桿的原理。拔釘器、開瓶器、裁紙刀等工具都是把支點與施力點的距離拉長，以便產生較大的力。而握剪、鑷子等工具雖然必須施加較大的力，但只要微小的動作就能產生很大的動作。

　　此外，槓桿之中也有直接利用旋轉運動的螺絲起子和扳手等工具，稱為輪軸。

利用槓桿能夠移動重物的原因

由 $M = Fr$ 這個式子可以知道，若力矩 M 固定，則力 F 與半徑 r 成反比。移動重物的槓桿，是藉由拉長支點與施力點之間的距離（半徑加大），使得旋轉半徑加大，而能以較小的力產生較大的力矩。這個時候，抗力點也會產生相同的力矩，但因為支點與抗力點之間的距離縮短（半徑減小），所以施加於抗力點的力會增大。這個時候，如果支點與施力點的距離增加為 2 倍、3 倍，則所需之力會減小為 2 分之 1、3 分之1，但另一方面，必須移動的距離則增加為 2 倍、3 倍。

一般而言，設所需的力為 F(N)、移動的距離為 s(m)，則所做的功 W(Nm) 可表示成

$W = Fs$

如果把這個式子應用於槓桿上，因為力 F 越減小則距離 s 越增加，所以 W 始終保持不變。也就是說，無論利用哪一種槓桿，或者不利用槓桿，所做的功都會相同。

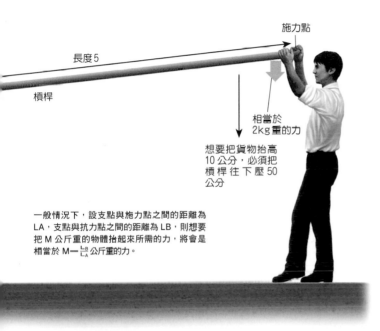

施力點

長度5

槓桿

相當於
2kg重的力

想要把貨物抬高
10 公分，必須把
槓桿往下壓50
公分

一般情況下，設支點與施力點之間的距離為
LA，支點與抗力點之間的距離為 LB，則想要
把 M 公斤重的物體抬起來所需的力，將會是
相當於 $M - \frac{L_B}{L_A}$ 公斤重的力。

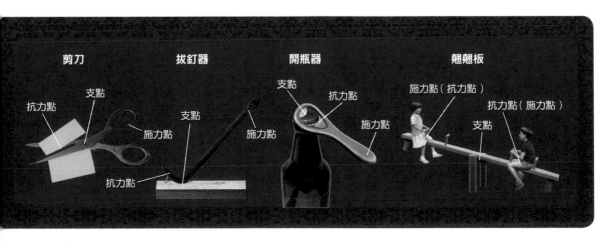

剪刀

抗力點
支點
施力點
抗力點

拔釘器

支點
施力點

抗力點

開瓶器

支點
抗力點
施力點

翹翹板

施力點（抗力點）
抗力點（施力點）
支點

時而妨礙時而助益的「摩擦力」

運動中的物體,如果不再施力的話,最後必定會停止。而靜止的物體,有些時候很難去推動它。之所以會發生這種現象,原因就在於「摩擦」。

所謂摩擦現象,是指物體和物體接觸時,兩者之間有阻礙物體運動的力在作用。這個時候起作用的力稱為「摩擦力」。設物體承受自地板等另一方物體的力(垂直阻力)為 N(N),摩擦力為 F(N),則「$F = \mu N$」這個式子成

立。其中 μ 為表示摩擦力大小的「摩擦係數」數值,依據各個物體的表面狀態等因素而有所不同。一般來說,表面越光滑則摩擦係數越小,表面越粗糙則摩擦係數越大。此外,如果在物體接觸的部位滴入水或油之類的物質,有時也會使摩擦係數減小。

推移物體之力的作用機制

書櫃放在地板上,因為重力而產生的重量會施加在地板上。同時,地板也會產生一個把書櫃回推的力(垂直阻力)。如果要從側面推動書櫃,便會在地板和書櫃之間產生一個與推力方向相反的摩擦力。當推力大於這個摩擦力時,書櫃就會開始移動。

書櫃

人推移書櫃的力

施加於書櫃的重力

地板回推書櫃的力(垂直阻力)

地板的摩擦力

物體一旦動起來，就會比較容易移動

推移靜止的物體時，必須施加較大的力才能使它開始移動，然而一旦動起來，往往手感會突然變輕而比較容易移動。這是因為決定摩擦力大小的摩擦係數改變了。

物體靜止時的摩擦係數稱為「靜摩擦係數」，運動時的摩擦係數稱為「動摩擦係數」。即使是兩個相同的物體，動摩擦係數值也會小於靜摩擦係數值。因此，物體一旦開始動起來，就會比較容易移動，而物體靜止之後，又會變得比較難移動。

兩任何物體之間都會產生摩擦力。就算冰面上形成一層薄薄的水層，摩擦力雖減少但也不會是零。冰壺雖然能滑動很長的距離，但受到摩擦力和空氣阻力的影響，終究還是會停下來。

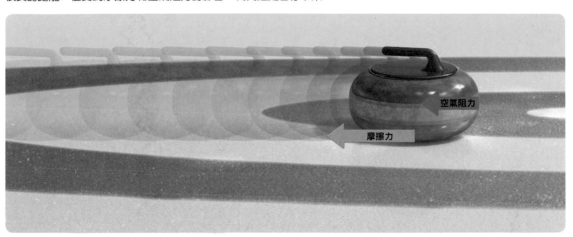

空氣阻力

摩擦力

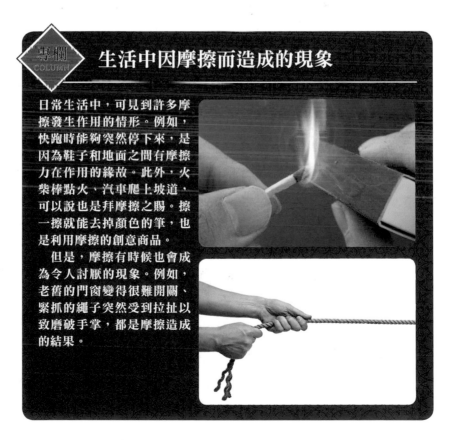

專欄
COLUMN

生活中因摩擦而造成的現象

日常生活中，可見到許多摩擦發生作用的情形。例如，快跑時能夠突然停下來，是因為鞋子和地面之間有摩擦力在作用的緣故。此外，火柴棒點火、汽車爬上坡道，可以說也是拜摩擦之賜。擦一擦就能去掉顏色的筆，也是利用摩擦的創意商品。

但是，摩擦有時候也會成為令人討厭的現象。例如，老舊的門窗變得很難開關、緊抓的繩子突然受到拉扯以致磨破手掌，都是摩擦造成的結果。

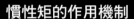

COLUMN

花式滑冰自旋
的祕密

花　式滑冰選手在冰上高速旋轉，令人目不暇
　　給。這種旋轉稱為「自旋」或「自轉」。選
手自在地控制旋轉速度和姿勢，盡情展現他們的
高超技巧。

　　看到滑冰選手的自旋就會明白，旋轉的物體如
果不施加外力就會持續旋轉，這個時候企圖保持
旋轉性質（慣性）的力稱為「慣性矩」。

　　另一方面，旋轉物體所具有的動量稱為「角動
量」。沒有從外部施力時，角動量不會改變。這稱
為「角動量守恆定律」。

慣性矩的作用機制

設慣性矩為 I，旋轉物體的質量為 m（kg），旋轉半徑為 r（m），則
「$I = mr^2$」的式子成立。

又，設角動量為 L，角速度為 ω（rad/s），則「$L = I\omega = mr^2\omega$」
的式子成立。

※1rad（1徑度）是指圓的半徑與弧長相等的角度，約 57.3°。

這個定律也適用於花式滑冰的自旋。因此，花式滑冰選手能夠不斷地高速自旋。然實際上，由於有身體與空氣的摩擦作用存在，所以自旋還是會漸漸地慢下來，最後停止不轉。

花式滑冰的自旋，無論是緩緩地旋轉，或是在中途開始加快旋轉，表演者都能自由地操控。這個祕密就藏在選手的手臂和腳。仔細觀察選手做自旋時的動作，便可以發現，當選手要加快自旋的時候，會把手臂和腳縮回貼近身軀。手臂和腳的位置與自旋速率有相當關係。

角動量利用「質量 × 旋轉半徑的 2 次方 × 旋轉軸的旋轉速度（角速度）」來計算。選手把手臂和腳縮回來，就是縮小了旋轉半徑，為了彌補這個縮小的分量，於是角速度提升，使角動量能夠保持固定。

這個原理可以利用身邊的器具來加以確認。首先，坐在一張能夠轉動的椅子上，把腳往前伸出，開始旋轉椅子。接著，把腳縮回貼近身體。這麼一來，就算沒有旁人碰觸椅子，也能使椅子旋轉加快。由於椅子未遭碰觸，所以角動量沒有改變。但因為縮腳使得旋轉半徑變小，故角速度便加快了。

※ 實際坐在椅子上做試驗時，請注意旁人的安全。

高速自旋的物理定律

花式滑冰選手利用角動量守恆定律實現高速自旋。開始旋轉時，手臂和腳向外張開，然後在旋轉途中把手臂和腳縮回貼近自轉軸，藉此縮小旋轉半徑，從而提升旋轉速度（角速度）。此時角動量沒有改變。

旋轉半徑由大而小

旋轉速度由慢而快

實驗驗實

坐在能夠轉動的椅子上，雙腳往前伸出。在這個狀態下，請人幫忙轉動椅子，然後立即放手。旋轉途中把雙腳縮回貼近身體，則旋轉速度應該會加快。

2

氣體與熱

Gas and Heat

熱的本質是分子和原子的運動

構成物質的分子和原子具有動能,因此一直在運動中。如果這些運動較為激烈,則分子之間或是原子之間會互相碰撞,使得動能轉換成熱能。這就是熱的本質。

這種分子和原子相互碰撞而產生熱的運動,就稱為「熱運動」。所謂的溫度,是測量熱運動激烈程度的量尺,分子和原子的運動越激烈則溫度越高。

溫度有許多不同的單位,我們通常採用「攝氏溫度」,單位記成「℃」。以前,攝氏溫度是以水的凝固點(0℃)和沸點(100℃)做為基準,但現在則改以物理學上最基本的溫度「熱力學溫度」(絕對溫度)做為基準,而訂定為「攝氏溫度＋273.15」。

「絕對溫度」是依據分子的動能為基準而訂定的溫度,單位記成「K」(克耳文)。處於物理學上理想狀態的氣體稱為「理想氣體」,理想氣體分子和原子的動能與溫度成正比。在計算上,當溫度為－273.15℃的時候,分子和原子的動能會成為0。因此,絕對溫度訂定這個溫度為0K,稱為「絕對零度」。

但是,依據量子力學的研究,現在已經得知,即使是在絕對零度,分子和原子的動能也不會完全成為0。

各種溫度

本圖所示為各種現象的溫度。由於範圍十分廣泛，所以橫軸採用對數刻度，把一個大刻度的間距設定為 10 倍。攝氏溫度（℃）加 273.15 即為絕對溫度（K），因此在可以忽略 273.15 這個值的高溫範圍，攝氏溫度和絕對溫度在實用上並無差別。在這種高溫範圍中，只顯示絕對溫度的值。順帶一提，約 $1.4×10^{32}$K 的溫度稱為「普朗克溫度」（Planck temperature），比這個溫度更高的溫度，現今的物理學就無法處理了。

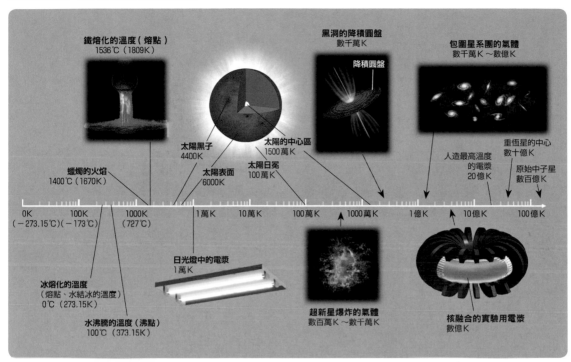

鐵熔化的溫度（熔點）
1536℃（1809K）

黑洞的降積圓盤
數千萬 K

降積圓盤

包圍星系團的氣體
數千萬 K〜數億 K

太陽黑子
4400K

太陽的中心區
1500 萬 K

蠟燭的火焰
1400℃（1670K）

太陽表面
6000K

太陽日冕
100 萬 K

重恆星的中心
數十億 K

人造最高溫度
的電漿
20 億 K

原始中子星
數百億 K

| 0K | 100K | 1000K | 1 萬 K | 10 萬 K | 100 萬 K | 1000 萬 K | 1 億 K | 10 億 K | 100 億 K |
| (−273.15℃)(−173℃) | | （727℃） | | | | | | | |

日光燈中的電漿
1 萬 K

冰熔化的溫度
（熔點、水結冰的溫度）
0℃（273.15K）

水沸騰的溫度（沸點）
100℃（373.15K）

超新星爆炸的氣體
數百萬 K〜數千萬 K

核融合的實驗用電漿
數億 K

酷寒的宇宙其實相當炎熱？

宇宙空間浩瀚無邊，相比之下，其中所含的分子和原子數量極為稀少，因此，平均溫度非常低。根據觀測的結果，宇宙的溫度平均只有 2.725K（＝−270.43℃），可說是冷到極點。

但是，幾近真空的宇宙空間，恰似一具讓熱不易逸散的保溫瓶。當冷空氣從體表帶走熱的時候，人會感到寒冷，但宇宙空間並沒有能將熱帶走的空氣存在。因此，當我們進入宇宙中，體內散發出來的熱不會逸失，導致體溫不斷升高，因而會感到燠熱。太空人所穿著的太空衣，具備了維持體溫等等各種保護機能。

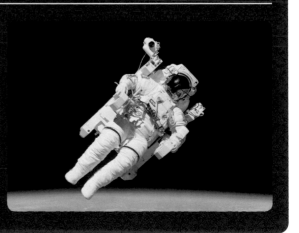

物質會隨著溫度而改變形態

任何物體,只要一再地分解下去,最後都是由原子或分子之類的微小粒子集結而成。物體的溫度改變時,構成該物體的原子或分子也會產生一些變化。

液態水裡,無數個水分子紛雜地運動著。如果將水的溫度升高,水分子會從中逸出,於空氣中四處飛竄,這就是水蒸氣。另一方面,如果把水降溫到 0℃,原本紛亂運動的水分子會規律地排列成為「結晶」,也就是冰。成為結晶的水分子再也無法輕易地動彈,只能在原處劇烈振動。

像這樣,構成物質的原子或分子一直持續運動著,永遠也不停息。這樣的運動稱為熱運動。溫度越高,各個物體內原子或分子的運動也越劇烈;溫度越低,物體所含之原子或分子的運動越輕緩。所謂的溫度,其實是表示物體

決定物質狀態的要素是什麼?

水能夠保持著液體或固體的狀態,是因為分子之間有引力(分子間力等等)在作用的緣故。固態冰中的水分子被這個引力拉住而無法輕易地移動,只能在原處振動。但是,如果水分子振動得更加劇烈,便能對抗分子間的引力而開始移動。液態水裡的水分子能夠自由地移動,但依舊保持著聚集在一起的狀態。如果水分子運動更加劇烈,就能掙脫引力,從水中逸出來而成為氣體(水蒸氣)。

註:此處逐個描繪的球體並非水分子,而是一般的原子及分子。

氣體

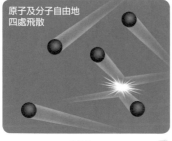
原子及分子自由地四處飛散

液體

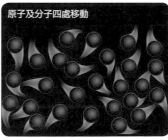
原子及分子四處移動

固體

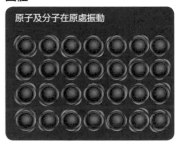
原子及分子在原處振動

氣體(水蒸氣)

液體(水)

固體(冰)

所含粒子的運動劇烈程度（動能）。而物體三態（固態、液態、氣態），便是依據這個劇烈程度以及在分子與分子之間作用的力（分子間力等等）的平衡來決定。

溫度表示原子或分子運動的劇烈程度，那麼，在某個溫度下氣體中所含的分子全都劇烈地運動著，但其速度（速率）都會相同嗎？在每1立方公尺的空氣中，含有10的19次方個（10000000000000000000個）以上的原子或分子，數量如此龐大的粒子在飛行中會不斷地互相碰撞。每次發生碰撞都會導致它的速度產生變化，因此，很難認定所有分子的速度都會是相同的。處處都是運動速度較快和速度較慢的分子混雜在一起。也就是說，空氣中所

含的氣體分子，不僅有運動快速的「熱」分子，也有運動緩慢的「冷」分子。氣體的溫度是由各種運動速度不同的氣體分子之速度分布來決定。在溫度高的氣體中，整體而言，快速運動的分子占比較高，相反地，溫度低的空氣中，緩慢運動的分子占比較高。

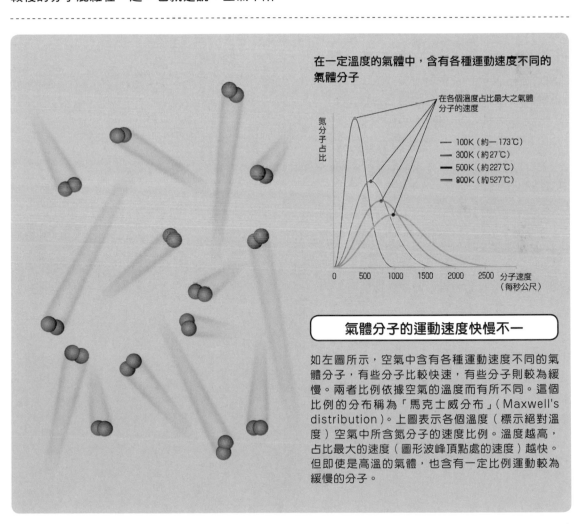

在一定溫度的氣體中，含有各種運動速度不同的氣體分子

在各個溫度占比最大之氣體分子的速度

氮分子占比

—— 100K（約一173℃）
—— 300K（約27℃）
—— 500K（約227℃）
—— 800K（約527℃）

0　　500　　1000　　1500　　2000　　2500　　分子速度（每秒公尺）

氣體分子的運動速度快慢不一

如左圖所示，空氣中含有各種運動速度不同的氣體分子，有些分子比較快速，有些分子則較為緩慢。兩者比例依據空氣的溫度而有所不同。這個比例的分布稱為「馬克士威分布」（Maxwell's distribution）。上圖表示各個溫度（標示絕對溫度）空氣中所含氮分子的速度比例。溫度越高，占比最大的速度（圖形波峰頂點處的速度）越快。但即使是高溫的氣體，也含有一定比例運動較為緩慢的分子。

氣體的體積與溫度成正比

空氣受熱會浮升，冷卻即沉降。熱氣球就是善加利用這個特性的搭乘載具。把空氣加熱，則空氣中所含的氣體分子會運動得更劇烈，愈欲擴散到更大的範圍。雖然氣體分子的數量沒有改變，但體積卻增加了，所以變得更輕（密度減低）而上浮。相反地，如果將氣體予以冷卻，則氣體分子的運動會變得更緩慢，因此受到周圍溫暖（運動劇烈）分子的擠壓，而縮聚於更小的範圍，結果變得更重（密度增高）而下沉。

像這樣，使氣體的溫度上升或下降，便可以使氣體膨脹或收縮。法國物理學家查理（Jacques Alexandre César Charles，1746～1823）在研究熱氣球的時候發現，若氣體的壓力保持固定，則氣體的體積與溫度成正比，因此在 1787 年提出了「查理定律」（Charles's law）。

根據查理定律，溫度每下降 1℃，氣體所減少的體積大約是 0℃時的 273 分之 1。因此，查理推估，如果氣體的溫度持續下降，則降到大約負 273℃時，體積會變成零，亦即達到溫度的「下限」，因此把這個溫度稱為「絕對零度」。根據後來的研究，確定絕對零度為負 273.15℃。

查理定律

所謂的查理定律，是指當壓力保持一定時，定量氣體的體積與絕對溫度成正比。當絕對溫度不斷地下降，體積終將變成零，此時的溫度即為溫度的下限，稱為「絕對零度」。不過，實際上由於物質是由具有大小的粒子所構成，所以即使是在絕對零度，體積也不會變成 0。

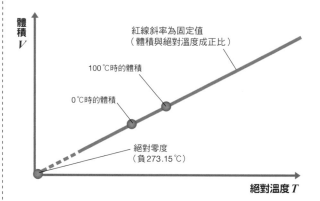

體積 V

紅線斜率為固定值
（體積與絕對溫度成正比）

100℃時的體積

0℃時的體積

絕對零度
（負273.15℃）

絕對溫度 T

$$\frac{V}{T} = 定值$$

專欄
COLUMN

攝氏溫度與絕對溫度

我們在表示溫度的時候，通常採用以水結冰時的溫度（0℃）和水沸騰時的溫度（100℃）為基準的攝氏溫度（℃）。但是在科學領域中，則經常採用以絕對零度為基準的絕對溫度（K）。絕對溫度數值是攝氏溫度數值加 273.15，所以 0℃為大約 273K，100℃為大約 373K，1℃的間隔與 1K 相同。

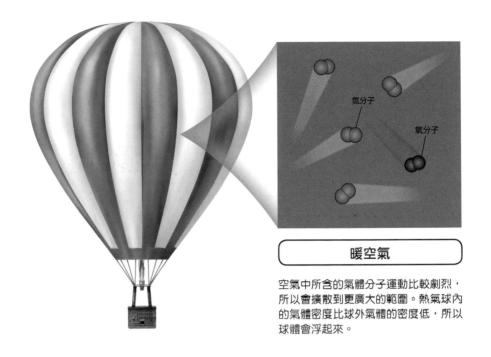

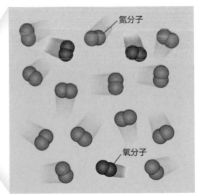

暖空氣

空氣中所含的氣體分子運動比較劇烈，
所以會擴散到更廣大的範圍。熱氣球內
的氣體密度比球外氣體的密度低，所以
球體會浮起來。

冷空氣

空氣中所含的氣體分子運動比較緩慢，
所以會收縮到更狹小的範圍，導致熱氣
球內的氣體密度增大。由於球內和球外
的氣體密度相差不大，所以球體不會浮
起來。

若壓力增加，則氣體的體積會減小

前頁的查理定律，是在壓力保持一定的狀況下才成立的定律。那麼，當壓力改變的時候，氣體會發生什麼樣的變化呢？

究竟「氣體的壓力」是什麼東西呢？把吸盤壓貼在浴室的牆壁上，或是把氣球吹脹，都和氣體的壓力有關。以分子的層次來考量，則氣體的壓力可以說是氣體分子的碰撞。一個氣體分子的碰撞所產生的力極為微小，但是如果有無數個氣體分子不斷地猛烈碰撞，就會產生很大的壓力。

因此，如右頁圖所示，氣體裝入容器內，封上重量可以忽略的蓋子，把容器密閉。如果蓋子靜止不動，則封閉在容器裡的氣體壓力應該是和容器外的大氣壓力保持平衡。然後，在蓋

氣體分子的碰撞就是氣體壓力的本質

貼附在浴室牆壁等處的吸盤，是藉由逐出吸盤與壁面之間的空氣，使大氣壓力足以把吸盤壓在壁面上而不會掉落。以分子的層次來看，則是空氣中的氣體分子不斷地撞擊吸盤。在吹氣球的時候，吹進氣球裡的氣體分子撞擊氣球內側面而產生壓力，才使得氣球膨脹起來。當氣球內氣體碰撞所產生的朝外壓力，和大氣壓以及氣球本身橡膠回縮擠壓所產生之力的總和，兩者取得平衡時，氣球就會維持形狀，不再繼續膨脹或縮小。

氣體的壓力

吸盤為什麼能貼附在壁面？

令氣球膨脹的壓力本質

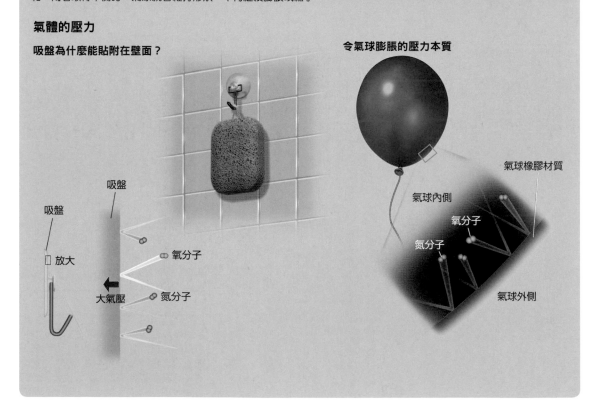

吸盤

吸盤

□ 放大

大氣壓

氧分子

氮分子

氣球橡膠材質

氣球內側

氧分子

氮分子

氣球外側

子上放置重物，使施加於內部氣體的壓力增加為 2 倍，則同樣地，內部氣體的壓力也會增加為 2 倍。

以氣體分子的行為來考量，如果要使容器裡氣體的壓力增加為 2 倍，則必須使「氣體分子碰撞時施加於物體的力」增大為 2 倍，或是使「氣體分子碰撞的頻率」增加為 2 倍。如果希望在改變壓力的前後，溫度（氣體分子的速度）和氣體分子的數量都沒有發生變化，則必須藉由容器體積減少一半，使氣體分子碰撞的頻率增加為 2 倍才行。因為，如果把體積減少一半，則氣體分子的密度增加為 2 倍，氣體分子碰撞容器壁面的頻率也會增加為 2 倍。

結果，氣體的溫度和氣體分子的數量維持固定時，若氣體的體積減少為一半，則壓力會增加為 2 倍；反之，若氣體體積增加為 2 倍，則壓力會減少為一半。也就是說，氣體的體積和壓力成反比。這就是英國物理學家波以耳（Robert Boyle，1627 ～ 1691）在 1662 年發現的「波以耳定律」（Boyle's law）。

體積與壓力成反比—「波以耳定律」

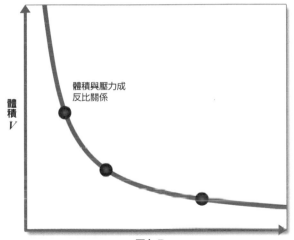

體積與壓力成
反比關係

體積
V

壓力 P

波以耳定律

溫度固定，且沒有與外部進行熱交換的狀況下，氣體體積與壓力成反比。

$$PV = 定值$$

體積減少為一半，碰撞頻率增加為 2 倍

把氣體封閉在容器內，然後從外部增加壓力，則壓縮了氣體的體積，使氣體所產生的壓力和來自外部的壓力變成大小相同而達到平衡。如果氣體的體積減少為一半，則氣體分子碰撞容器壁面的頻率會增加為 2 倍，氣體所產生的壓力也會增加為 2 倍。

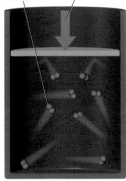

氣體分子　大氣壓

大氣壓 2 倍的壓力（大氣壓與重物產生的壓力總和）

重物

壓力為 2 倍，體積為 $\frac{1}{2}$ 倍（溫度固定）

狀
態
方
程
式

從氣體定律衍生而來的「狀態方程式」

把表示氣體體積與溫度成正比的查理定律，和表示氣體體積與壓力成反比的波以耳定律組合在一起，則成為「氣體體積與溫度成正比，與壓力成反比」，這就稱為「查理一波以耳定律」。

查理和波以耳所進行的實驗中，只要氣體分子的數量相同，則任何氣體的這個體積與壓力及溫度的關係也都相同。也就是說，只要確定了體積、壓力、溫度其中任兩個狀態，則剩下的狀態即可確定。

而且，氣體的壓力和體積也分別和氣體分子的數量成正比。總結來說，氣體的壓力（P）、體積（V）、溫度（T）、氣體分子的數量（n）之間的關係，可以用以下的式子來表示。

$$PV = nRT$$

這個式子稱為「理想氣體的狀態方程式」。式子中的 R 為比例常數。無論什麼氣體，只要是依循查理定律和波以耳定律的氣體，都會符合理想氣體的狀態方程式。

我們來想想看，在高空飛行的飛機內（調整為大約 0.7 大氣壓）或高山上，點心袋會膨脹鼓起來的情況！假設在起飛前，地面和機艙內的溫度（T）相同，而且點心袋沒有開孔（氣體分子沒有增減），則式子的右邊為固定。飛到高空之後，機艙內的氣壓降低了，所以點心袋膨脹，使得體積增大（V）。這麼一來，袋內氣體的壓力就會降低，因此符合狀態方程式。

不過，這是指「理想氣體」，如果把狀態方程式用在實際的氣體，可能會產生偏差。

機艙內的點心袋會膨脹鼓起

把點心袋帶上飛機，到了高空有可能會脹得鼓鼓的。這是因為周圍的氣壓下降了，導致點心袋裡的空氣膨脹起來的緣故。由於袋內氣體的體積增加了，所以袋內氣體的壓力也隨之降低。

起飛前的點心袋

Newton Potato

袋內的壓力（P）：大
袋子的體積（V）：小

狀
態
方
程
式

起飛後的點心袋

袋內的壓力（P）：小
袋子的體積（V）：大

理想氣體的狀態方程式

表示氣體壓力、體積、溫度、氣體分子數量相互關係的式子。以理想氣體來說，只要式子中任一數值發生變化，則其他值也會跟著變化，以便符合這個式子成立。

$$PV=nRT$$

P：壓力 [Pa]
V：體積 [m^3]
n：物質數量 [mol]
R：氣體常數 [J/（K・mol）]
T：絕對溫度 [K]

熱是由於原子或分子碰撞而移轉的能量

前 面曾經介紹，所謂的溫度是指「粒子運動的劇烈程度」。那麼，「熱」又是什麼呢？

例如，以 30℃ 的空氣和 0℃ 的空氣來作比較，前者會讓人感覺比較熱。這是因為當我們置身其中時，空氣中所含的氣體分子對我們身體的撞擊，大於後者。事實上，所謂的熱就是由於這個氣體分子之類微小粒子的碰撞而移轉給我們的能量。

「溫度高＝比較熱」這件事並不一定成立。例如，雖然是相同的溫度，但人們對於 50℃ 的浴缸會覺得熱到無法碰觸，但待在 50℃ 的蒸氣室裡面卻可以忍受。這是因為浴缸內水分子的密度非常高，身體接觸到熱水時，有非常多的水分子撞擊皮膚。而在蒸氣室中，水分子已經變成氣體，密度比起液體低了許多，所以在空

能量以原子振動的形式傳送

熱咖啡罐表面的金屬原子劇烈地振動著，手掌表面的分子受到金屬原子的影響而跟著劇烈地振動。然後，漸漸地，連手掌內側的分子也跟著劇烈振動。煮開水的時候，火焰中劇烈振動的分子猛烈地碰撞鍋子底部，使得鍋底的金屬原子跟著振動，然後金屬原子的振動擴散到整個鍋子，使得鍋內的水分子也跟著劇烈振動，導致水的溫度上升。

熱從咖啡罐傳到手掌的情形

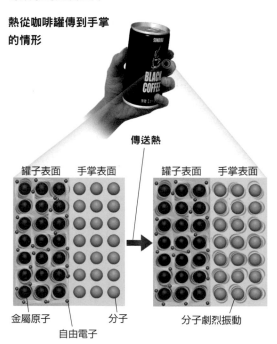

罐子表面　手掌表面　　　罐子表面　手掌表面

傳送熱

金屬原子　　　分子　　　分子劇烈振動
自由電子

點火把鍋內水加熱的情形

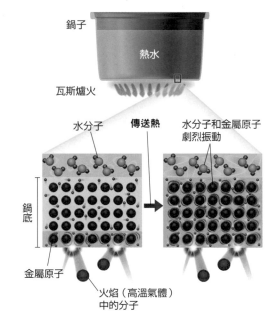

鍋子
熱水
瓦斯爐火

水分子　傳送熱　水分子和金屬原子劇烈振動

鍋底

金屬原子
火焰（高溫氣體）中的分子

氣中，撞擊皮膚的水分子數量並不多。因此，待在蒸氣室裡面，身體從水分子接收到的能量比較少，所以比較不會覺得熱。

想使身體覺得暖和時，要開暖氣或喝熱飲料。相反地，想使身體感到涼爽，則要開冷氣吹涼風，或披一條溼毛巾。像這樣的經驗，讓我們從中得知「熱會在具有溫度差的物體之間移動」這件事。熱在物體之間移動時，會發生什麼情形呢？

例如，想像一下這樣的情況，冰冷的手掌握著燙熱的咖啡罐時，熱從咖啡罐移動到手掌。熱咖啡罐表面的金屬原子由於高溫而做著劇烈的振動，但是冰冷手掌的構成分子並沒有做如此劇烈的振動。

接下來，我們把焦點放在咖啡罐和手掌的接觸面。在這裡，振動程度不一樣的原子和分子互相接觸。彼此不停地碰撞，冰冷手掌的分子受到燙熱咖啡罐的金屬原子影響，振動漸漸地越來越劇烈。也就是說，金屬原子的動能有一部分移轉給了手掌的分子。動能會持續移轉，直到最終兩方的振動不再有差別（無溫度差）為止，於是達到熱平衡。

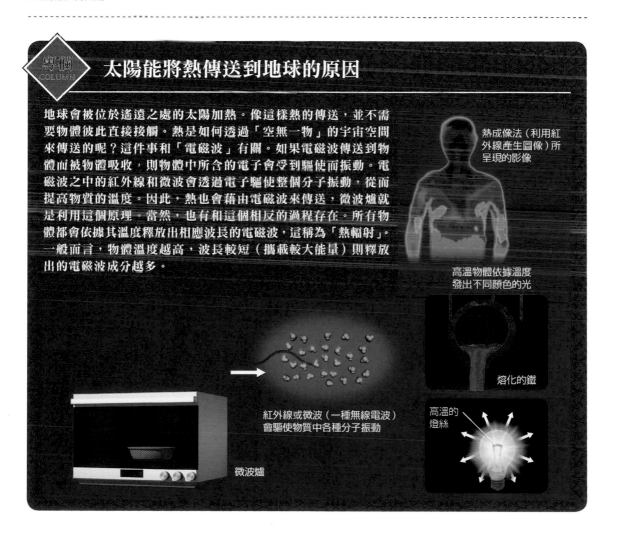

專欄 COLUMN　太陽能將熱傳送到地球的原因

地球會被位於遙遠之處的太陽加熱。像這樣熱的傳送，並不需要物體彼此直接接觸。熱是如何透過「空無一物」的宇宙空間來傳送的呢？這件事和「電磁波」有關。如果電磁波傳送到物體而被物體吸收，則物體中所含的電子會受到驅使而振動。電磁波之中的紅外線和微波會透過電子驅使整個分子振動，從而提高物質的溫度。因此，熱也會藉由電磁波來傳送，微波爐就是利用這個原理。當然，也有和這個相反的過程存在。所有物體都會依據其溫度釋放出相應波長的電磁波，這稱為「熱輻射」。一般而言，物體溫度越高，波長較短（攜載較大能量）則釋放出的電磁波成分越多。

熱成像法（利用紅外線產生圖像）所呈現的影像

高溫物體依據溫度發出不同顏色的光

熔化的鐵

紅外線或微波（一種無線電波）會驅使物質中各種分子振動

微波爐

高溫的燈絲

利用氣體的能量而引發了工業革命

把水加熱成為水蒸氣,通常,體積會增加到大約 1700 倍以上。不過,如果是加熱容器內的水,當封閉在裡頭的水蒸氣無法膨脹,將導致壓力急遽上升。那麼,如果其中安裝一個可動式的活塞,會發生什麼情形呢?水蒸氣的壓力能不能推動活塞呢?如果在活塞上安裝一根棒子,再把棒子連接到車輪上,那

麼,活塞應該會推動棒子,進而帶動了車輪旋轉!

英國的工程師瓦特(James Watt,1736～1819)開發的「蒸氣機」,就是一種把水加熱,使其產生高溫的水蒸氣,再利用其熱能驅動齒輪旋轉的裝置。齒輪的旋轉運動能夠簡單地運用於各式各樣的機械,例如把地下深處的

水蒸氣驅動車輪旋轉的機制

下圖所示為瓦特所開發的蒸氣機機制。使用可動式的隔板把活塞隔成左右兩個氣室,將熱的水蒸氣輪流送入這兩個氣室,推動活塞往返運動,藉由它的動作驅動車輪旋轉。在把水蒸氣送入一個氣室的同時,把另一個氣室的空氣冷卻。這麼一來,水蒸氣會回復成水,使得壓力驟然降低,藉此更有效率地推動活塞。水蒸氣冷卻所形成的水再度被加熱,重新送入活塞。順帶一提,第一部實用的蒸氣機,是英國工程師紐科門(Newcomen Thomas,1664～1729)在 1712 年製造成功的。不過,這部蒸氣機的效率不太良好。瓦特於 1769 年開發出效率極高的蒸氣機之後,才使蒸氣機能夠急速推廣。

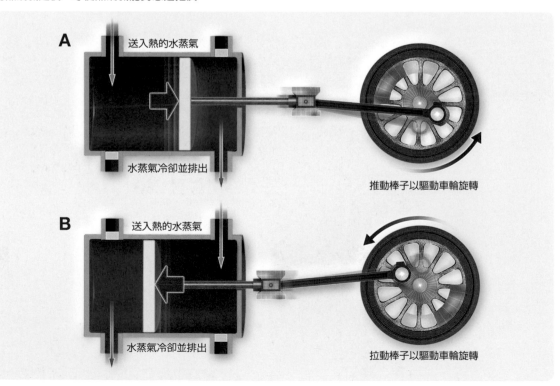

A
送入熱的水蒸氣
水蒸氣冷卻並排出
推動棒子以驅動車輪旋轉

B
送入熱的水蒸氣
水蒸氣冷卻並排出
拉動棒子以驅動車輪旋轉

物品提上來的滑輪、捲動絲線的紡織機，還有蒸氣火車頭和蒸氣船的動力等等。蒸氣機在1700 年代促成了產業革命（工業革命），使得人們的生活更加富足。

水蒸氣的熱能轉換成車輪的動能。像這樣，當能量驅動了某個物體的時候，我們說這個能量做了「功」。以蒸氣機來說，熱能會做功，而由於做了功，水蒸氣的熱能會相應地減少。氣體所具有的熱能（內部能量）會依對外做功的多寡而減少相應的量，這稱為「熱力學第一定律」。

熱力學第一定律

氣體的熱能（內部能量）變化，是由氣體承接的熱量和所做的功來決定。如果對外做功，它的能量會相應減少。

$$\Delta U = Q - W$$

ΔU：熱能的變化
　　（內部能量的變化，[J]）
Q：氣體所承接的熱量 [J]
W：氣體所做的功 [J]

對氣體做功，則溫度會上升

把容器壓縮（對容器內的氣體做功），相當於對其中的氣體分子施力，會使氣體分子的運動速度加快。由於氣體分子的動能增加，所以氣體的溫度會上升（內部能量增加）。

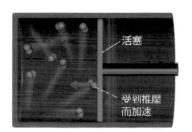

活塞

受到推壓而加速

使氣體做功，則溫度會下降

容器內的氣體推動活塞而增加體積時，相當於氣體對活塞施力而做功，所以氣體分子會消耗相應的動能而減速，使得溫度下降（內部能量減少）。

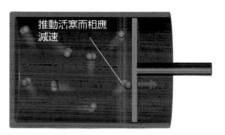

推動活塞而相應減速

專欄 COLUMN　把空氣打入輪胎會發生什麼情形？

使用打氣筒把空氣打入輪胎時，由於輪胎內的氣體受到壓縮，所以壓力上升。溫度也隨之上升。使用打氣筒把空氣壓縮，相當於對空氣做了功，所以空氣的溫度會相應上升（內部能量增加）。

自行車的輪胎　　打氣筒

打入空氣會變熱

能量守恆定律

即使能量形態改變了，總量仍然維持不變

這 一節要說明的是，涵括力學和熱力學的大原則「能量守恆定律」（law of conservation of energy）。能量以各式各樣的形態呈現。例如，熱能、光能、音能（空氣振動的能量）、化學能（儲存於原子及分子的能量）、核能（儲存於原子核的能量）、電能，還有在牛頓力學中出現的「動能」和「位能」等等。

能量有許多種型態

能量以光、聲音、電等多種型態存在，其中一部分以底下圖所示的形式表現。

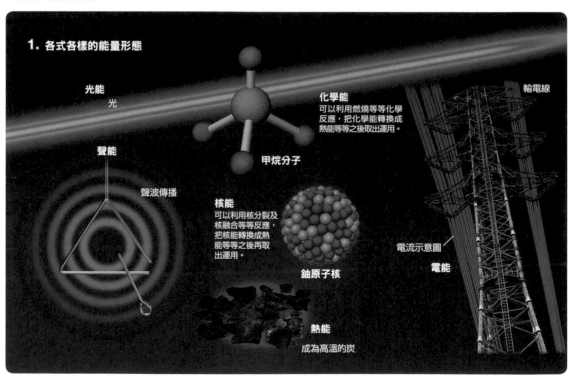

1. 各式各樣的能量形態

光能
光

化學能
可以利用燃燒等等化學反應，把化學能轉換成熱能等等之後取出運用。

輸電線

甲烷分子

聲能

聲波傳播

核能
可以利用核分裂及核融合等等反應，把核能轉換成熱能等等之後再取出運用。

鈾原子核

電流示意圖

電能

熱能
成為高溫的炭

能量可以互相移轉。例如，太陽能發電是把光能轉換成電能，揚聲器（喇叭）是使用電能產生聲能。所謂的能量，以力學的術語來說，就是「能夠產生力，而引發物體運動的潛在能力」。例如，我們也能夠利用食物的能量（化學能）獲得驅動身體的力，以及從事運動等行為。前述所舉各式各樣的能量形態，也能夠在經過若干過程之後，引發物體的運動。例如，光能藉由太陽能電池轉換成電能之後，可用於驅動電梯的運作。

能量的總和不會增加也不會減少，始終保持一定，這稱為「能量守恆定律」。是能夠適用於一切自然現象的自然界大法則。

能量能夠轉換， 但總量不會改變

各種形態的能量能夠互相轉換，但其總量不會改變。能量守恆定律是自然界的大法則。

2. 把光能轉換成電能的太陽能發電

光

太陽能電池板

3. 把電能轉換成聲能的揚聲器

聲波

揚聲器

4. 如果把流出的分量包括在內，則能量的總和沒有改變

流出到房間外的熱能

房間外

房間裡

熱能及紅外線能量

專欄 COLUMN 　節省能源很重要

既然能量不會減少，是不是會有人因此而認為「不需要節約能源」呢？事實上並非如此。例如使用電暖器的情況下，由電能轉換而來的熱能使房間暖和之後，會流出到房間外面，很難回收再度利用。也就是說，能量保持不變，是包括「流出」到房間外面的能量。如果把流出到房間外的熱能也包括在內，則任何現象的能量總和都是保持不變。

熱力學第二定律

熱不會自行從低溫處往高溫處移動

有些研究者在摸索一種不必給予燃料也能持續做功的「永動機」。

初期構想的型態，是從無產生出能量的永動機（第一種永動機），但因熱力學第一定律（能量守恆定律）的論據，這種永動機完全不可行。但研究者仍然繼續開發不致違背能量守恆定律的新式永動機，例如以下所說的汽車，就是個典型的例子。

在這種汽車裡配備了一部引擎（蒸氣機），可把液體煮沸，再將其蒸氣轉換成旋轉力。所使用的液體沸點為 15℃，亦即在 15℃ 就會沸騰而化為蒸氣。因此，只要利用周遭 20℃ 的氣體把這種液體加熱，即可使其沸騰。此即意謂熱（能量）從空氣移轉到液體。空氣中的熱遭到液體奪走之後，溫度會相應降低而冷卻（例如降到 19℃），然後排出車外（下圖）。這種汽車可以從周圍的空氣補充因做功而減少的能量，所以沒有違反能量守恆定律。

如果這種機制成立的話，即可實現不使用燃料也能行駛的汽車。但事實上，這種汽車不可

自空氣獲取能量而得以行駛的汽車

下圖所示為遵守熱力學第一定律（能量守恆定律）的永動機例子。這輛汽車配備有可從空氣取得熱來驅動的引擎（蒸氣機），車子得以行駛前進。由於驅動引擎（對外做功）而損失的熱（散失到車外）則從空氣補充。也就是說，並不是由引擎自行創造出能量，所以沒有違反熱力學第一定律。但實際上，這樣的汽車仍然造不出來。

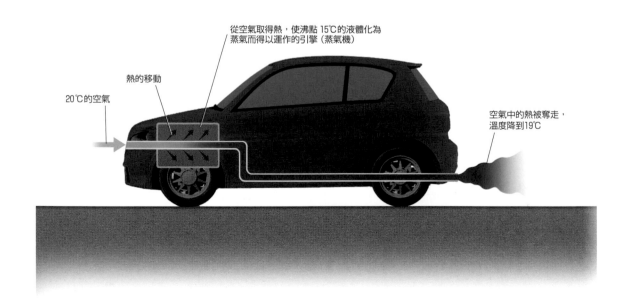

從空氣取得熱，使沸點 15℃ 的液體化為蒸氣而得以運作的引擎（蒸氣機）

熱的移動

20℃ 的空氣

空氣中的熱被奪走，溫度降到 19℃

能造得出來。在原理上,把熱轉換為功的「熱機械」,如蒸氣之類做功的物質(工作物質),在對外部做了功之後,必須回復到最初的狀態,才能持續不斷地把熱轉換為功。也就是說,工作物質必須冷卻回復至原來的狀態,使推升的活塞降到原來的位置才行,否則就無法再度推動活塞(做功)。剛才所說的汽車蒸氣機,若要再次做功,就必須把蒸氣冷卻回液體狀態。因此,需要溫度比液體沸點(15℃)更低的空氣。但是,周圍並沒有如此低溫的空氣存在。也就是說,無法消除蒸氣的熱。

假設能夠使用 20℃的空氣把蒸氣冷卻到15℃的話,這必定是熱從低溫的物體移動到高溫的物體。不過,德國物理學家克勞修斯(Rudolf Clausius,1822～1888)等人提出關於熱移動的自然界法則「熱力學第二定律」,

指出「熱會從高溫的物體移動到低溫的物體,但是其逆向移動則無法自行發生」。

由於熱力學第二定律的實證,使得第二種永動機(雖然遵守熱力學第一定律,但違反熱力學第二定律的永動機)也確定無法實現。

熱力學第二定律

熱不會自行從低溫物體往高溫物體移動。這件事也可以用「無法把熱全部(100%)轉換為功而不留下任何變化」這樣的說法來表示。這些說法在物理上具有同等的意義。

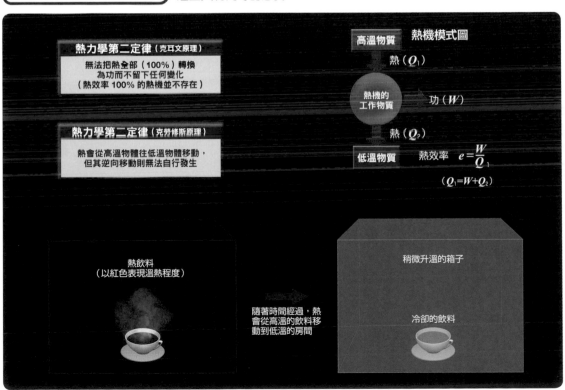

熱力學第二定律(克耳文原理)
無法把熱全部(100%)轉換為功而不留下任何變化(熱效率 100% 的熱機並不存在)

熱力學第二定律(克勞修斯原理)
熱會從高溫物體往低溫物體移動,但其逆向移動則無法自行發生

高溫物質　熱機模式圖

熱(Q_1)

熱機的工作物質　功(W)

熱(Q_2)

低溫物質　熱效率　$e = \dfrac{W}{Q_1}$

($Q_1 = W + Q_2$)

熱飲料
(以紅色表現溫熱程度)

稍微升溫的箱子

隨著時間經過,熱會從高溫的飲料移動到低溫的房間

冷卻的飲料

「無序狀態」必然會逐漸增加的熵增定律

把牛奶倒入咖啡中，靜置一段長時間，牛奶最後會融合到整杯咖啡裡面。比起牛奶和咖啡各自分離的狀態，無秩序地混合在一起的狀態更為自然。

事實上，存在於我們周遭的萬物，都不可避免地會從牛奶和咖啡各自分離的「高秩序」狀態逐漸變成牛奶和咖啡混合在一起的「無序」狀態。這個表示無序性及物體雜亂程度的概念，稱為「熵」（entropy）。

若要把已經混合均勻的咖啡和牛奶（熵較大的狀態）恢復成原來的咖啡和牛奶分離的狀態（熵較小的狀態），必須從外部進行某些操作才行。但是，即使從外部進行了某些操作，包括外部在內的整體的熵永遠只會增加，絕對不會減少。這就稱之為「熵增定律」（the law of entropy increase）。

事實上，熱必定會從高溫處往低溫處移動的「熱力學第二定律」，和熵增定律是一樣的意思。物體內部具有溫度差的狀態，就是指物體不同部位的原子運動劇烈程度（動能）呈現不均勻分布（熵比較小）的狀態。相反地，熱移動而使得溫度趨於一致的狀態，就是指整個物體的原子運動劇烈程度（動能）呈現均勻分布（熵比較大）的狀態。若要使整體的溫度趨於一致，則熱必定會從高溫處往低溫處移動，也就是熵必定會一直增大。

配置方式的數量為 1 種
→熵比較「低」

「混合前」牛奶的配置

「混合前的牛奶」對應於「6 塊白瓷磚全部集中於 6×6 格方盤的最上一列的狀態」。構成這種狀態的白瓷磚。配置方式只有 1 種。這個時候的熵是最小的狀態。

藉由牛奶和咖啡來思考「熵是什麼？」

從微觀的角度來看，「咖啡和牛奶的混合程度」是依據「牛奶粒子在咖啡空間中的配置」來決定。奧地利物理學家波茲曼（Ludwig Eduard Boltzmann，1844～1906）為熵這個概念定義，做為該配置方式的數量大小尺度。在此不做詳細的介紹，不過熵的值可利用計算來求得。圖中將牛奶粒子的配置單純化，改成「在對應於咖啡的 6×6 = 36 格方盤上，擺放對應於牛奶粒子的 6 個白瓷磚時的配置」。在這個情況下，白瓷磚凌亂分布的狀態可以說是比較容易發生（自然）的狀態，越是這樣的狀態，熵的值越大。

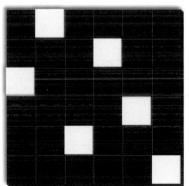

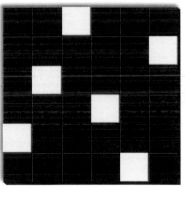

配置方式的數量有 720 種
→熵比較「高」

「混合後」的牛奶配置

「混合後的牛奶」對應於「6 塊白瓷磚凌亂分布於 6×6 格方盤各個位置的狀態」。如果把白瓷磚在縱橫各列都不重複的狀況視為「凌亂分布的狀態」，則構成這種狀態的白瓷磚配置方式有 720 種。這個時候，熵比「混合前」增大了。

物質的第四種形態——電漿

物質會隨著溫度的升降而改變形態。第56頁曾經介紹，一般而言，隨著溫度越高，物質會從固態轉變成液態，再轉變成氣態。

固態是原子（或分子）彼此緊密結合的狀態。不過，原子並非靜止不動，而是依據溫度的高低，在原地以不同的劇烈程度振動。如果溫度升高，原子的振動會更加劇烈，最後會脫離自己的「工作崗位」而以某個程度自由地運動著，也就是變成了液體。如果溫度再升得更高，最後各個原子會從將其束縛在一起的力掙脫，而能夠自由地在空間中四處逸散，也就是變成了氣體。隨著溫度的繼續上升，原子會更加劇烈地四處飛竄。

原子「潰散」而分解成原子核與電子

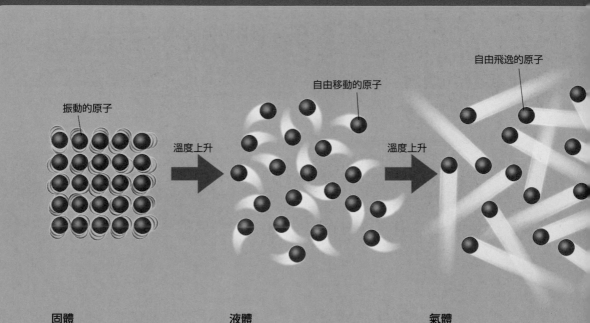

振動的原子

自由移動的原子

自由飛逸的原子

溫度上升

溫度上升

固體
原子（或分子）彼此藉由引力而緊密結合。原子在原地以相應於溫度高低的劇烈程度振動著。

液體
原子彼此藉由引力寬鬆地結合在一起。原子能夠移動位置。

氣體
原子掙脫相互間作用的引力之影響，在空間中自由飛逸。

溫度越升高，粒子越離散
隨著溫度從低溫逐漸到高溫，物質會發生「固體→液體→氣體」的變化。溫度越高，原子和分子的運動越活潑，越能夠自由地活動。如果溫度再升得更高，則原子愈互相碰撞，使得電子飛逸脫離原子束縛，結果成為離子和電子能夠自由地四處飛逸的電漿。

如果把氣體的溫度再提升，接下來，原子本身會「潰散」而分解開來。原子的中心有一個帶正電的「原子核」，原子核周圍分布著帶負電的「電子」。隨著溫度越來越高，電子會逐個逸出原子的束縛，稱為「電離」。原子在失去電子之後，變成帶正電的「離子」。電子和離子分別獨立自由四處散逸，這樣的狀態稱為「電漿」。

電漿絕非罕見的物質狀態。例如，日光燈內的高溫氣體即處於電漿的狀態。閃電也是空氣分子電離成電漿所呈現的發光現象。太陽也是由電漿（主要成分為氫原子電離而成的電漿）構成。宇宙的物質可能有超過 99% 以上都是電漿。順帶一提，電漿的溫度，是指電子和離子的運動劇烈程度。

宇宙剛誕生時的溫度
高到無法想像

如果溫度再升得更高的話，會發生什麼情形呢？當溫度達到數百億 K 時，電漿中的原子核會「潰散」而分解為其構成要素「質子」和「中子」。而當溫度超過 1 兆 K 以上時，就連質子和中子也會「潰散」而分解為其構成要素「夸克」，在宇宙空間中四處飛竄。「大霹靂理論」主張，宇宙剛誕生的時候，可能是遠遠超過上述這個程度的高溫、高密度灼熱狀態。把粒子加速到接近光速，再使之互相碰撞，重現高溫狀態的「加速器」，可以說是逼近宇宙肇始之謎的實驗裝置。

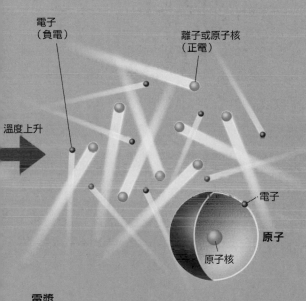

電漿

電子脫出原子束縛，離子（帶電的原子）和電子在空間中自由地四處飛逸。

圖中標示：
電子（負電）
離子或原子核（正電）
溫度上升
電子
原子
原子核

剛誕生的宇宙為超高溫狀態

關於宇宙的誕生，目前還沒有揭開全貌。不過，科學家大體認為，宇宙剛誕生時，必定處於無法想像的超高溫狀態。

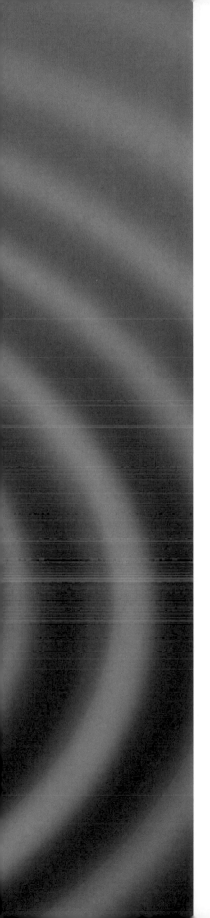

3
波
Wave

波動就是振動往周圍傳播的現象

波動就是在某個點產生「振動」，往周圍傳播而擴散開來的現象。某個地方的振動，引發其周邊產生振動，連帶引發周邊附近也產生振動……，這個反覆發生的現象，就稱為波動。右圖的水面漣漪從中心先振動，然後往周圍擴散開來，於是水面逐步搖曳蕩漾。

振動的物質亦即傳送波的物質，稱為「介質」（medium）。水面漣漪的介質就是水。雖然我們說「波在擴散」（行進），然而這種說法容易讓人誤解，實際上並非真的有某種物質在行進。以水面漣漪為例，水基本上是在它的位置附近振動。當波通過的時候，水面的落葉仍會停留在原來的位置晃動。

波長亦是決定波之性質的重要元素之一，指波峰（波最高處）到下一個波峰之間的距離（長度），或者波谷（波最低處）到下一個波谷之間的距離（長度）。若波長改變，波的性質也會有很大的變化。例如，我們或許會認為光（可見光）和電波是截然不同的東西，但事實上，它們都是「電磁波」，兩者在本質上的差異只是波長不一樣而已（後面章節將有詳細的說明）。此外，光的波長會產生不同的顏色，依照波長由長至短，分別呈現紅、橙、黃、綠、藍、靛、紫的色彩。波的其他重要元素還有「振幅」、「頻率」、「週期」等等（參照右頁圖示）。

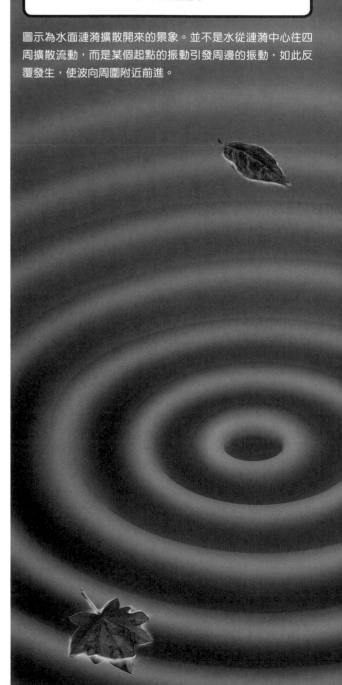

水面漣漪

圖示為水面漣漪擴散開來的景象。並不是水從漣漪中心往四周擴散流動，而是某個起點的振動引發周邊的振動，如此反覆發生，使波向周圍附近前進。

振幅……波的振動幅度。以水面漣漪來說，是指從平均水面算起的高度。
頻率……在某些領域中也稱為「振動數」。表示每1秒鐘內，波上各點振動的次數。也可以說是每 1
　　　　秒鐘內通過某個點的波峰數。
週期……波上各點振動 1 次所需的時間。也可以說是前後兩波峰依序通過某個點所需的時間。週期
　　　　和頻率具有倒數的關係（週期＝1÷頻率）。
波長……波峰（波最高處）與波峰之間的距離（長度），也可以說是波谷（波最低處）與波谷之間的
　　　　距離（長度）。

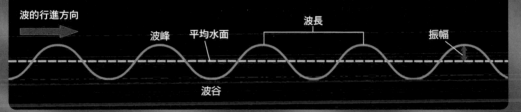

波的行進方向　　　　　　　　　　　　波峰　　平均水面　　　　　　　　波長　　　　　　　　　　振幅

波谷

波的基本要素

波的基本要素如上所示。此外，波的速度和頻率（振動數）、波長之間具有「波的速度＝頻率×波長」的
關係，假設波的速度一定，則「頻率高＝波長短」且「頻率低＝波長長」便成立。一般來說，波的速度取
決於介質的性質，頻率則取決於波源的運動方式。

看似複雜的波也是由簡單的波疊合而成

雖然波的種類極為多樣，有光波、電波、聲波、地震波等等，但它們有許多共通之處。以下就來介紹這些共通性質。

來自不同方向的兩個波，如果「碰撞」（疊合）的話，會變成什麼樣子呢？若是兩個物體相撞，可能會彈飛或壞掉吧！

若兩個高度（振幅）為 1 的山形波，分別從左右兩邊傳來，在中央「相撞」，兩個波在某個瞬間會完全重疊，波峰的高度變成 2。但原來的波仍然「活著」，兩個波交錯而過後，再度出現兩個高度為 1 的山形波。一般來說，波在「碰撞」的前後仍會保持其「獨立性」，不會受到其他波的影響。這一點和物體碰撞時有很大的不同。

海上波濤洶湧的海浪通常呈現複雜的樣貌。但其實它是由來自各方向，具各種波長及振幅的波疊合在一起，形成我們所看到的樣子。反過來說，無論波的形態多麼複雜，只要加以分解，最終都是由單純的波形疊合而成。

以上所述的性質，無論地震波、聲波、光波、電波等等都適用，雖然實際的波形十分複雜，但都是以優美的波形為基本單位所構成。順帶一提，這裡所說的優美波形，是指波長和振幅保持固定的波。

波即使發生疊合仍能保持獨立性

兩個高度為 1 的山形波互相接近（1）。兩個波疊合在一起（相加），變成一個高度為 2 的山形波（2）。兩個波即使一度重疊在一起，但原來的波仍然各自「活著」。證據就是疊合過後，再度出現兩個高度為 1 的山形波，逐漸互相遠離（3）。由此可知，波在「碰撞」前後並沒有受到影響，而保持自己的獨立性。如下圖所示，從左側照射紅光，即使中途從下方照射藍光，在右側的屏幕上仍然會出現紅點，紅色和藍色並沒有混在一起。

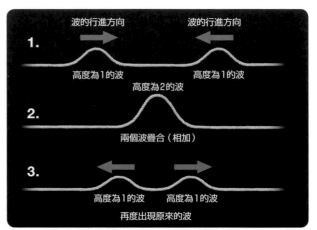

1. 波的行進方向　波的行進方向
高度為1的波　高度為1的波

2. 高度為2的波
兩個波疊合（相加）

3. 高度為1的波　高度為1的波
再度出現原來的波

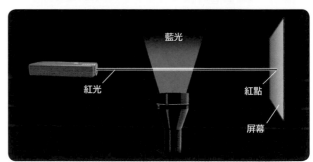

藍光
紅光
紅點
屏幕

把複雜的波分解成「完美的波形」

如同我們實際看到的水面漣漪，往往呈現出非常複雜的波形，因為它是由來自不同方向具有各種波長和振幅的波（圖中完美波形 A～E 等等）複雜疊合而成。反過來說，無論波形多麼複雜的波，都可以把它分解成波長和振幅一定的「完美波形」。

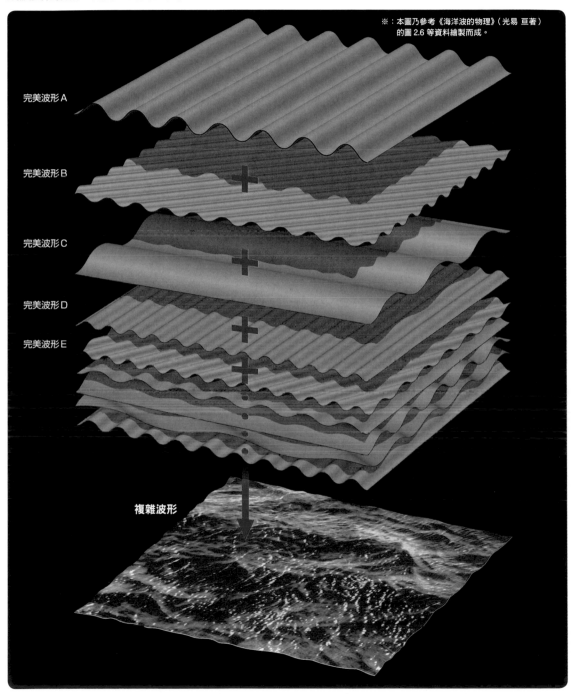

※：本圖乃參考《海洋波的物理》（光易 亘著）
的圖 2.6 等資料繪製而成。

完美波形 A

完美波形 B

完美波形 C

完美波形 D

完美波形 E

複雜波形

光為「橫波」，聲為「縱波」

世界上充滿了波，最具代表性的就是光和聲。以聲音來說，使用揚聲器產生的空氣振動，會使周圍的空氣依序跟著振動，藉此在空間中傳送；而光則是藉空間本身所具有的「電場」和「磁場」振動（電場與磁場之大小、方向的變化）來傳送（詳見第 96 頁等處）。光在空氣中以每秒約 30 萬公里的迅捷速度向前行進。

波可大致分為兩種類型：「橫波」和「縱波」。振動方向與行進方向垂直的波為「橫波」，振動方向與行進方向相同的波稱為「縱波」（右圖）。以剛才所舉的例子來說，光為「橫波」，聲音則是「縱波」。

橫波與縱波的差異

在此舉個例子說明橫波與縱波的差異。如有許多人排成一列，每個人都把雙手搭在前一人的肩上。隊伍的最後一人（波源）如果左右搖晃就會產生橫波，前後搖晃則會產生縱波，逐一往隊伍前面傳送。橫波的代表性例子為光（可見光及電波等），陽光（白光）是由振動方向與行進方向垂直的各種不同波長的光混合而成，但陽光中各種光的振動方向並非全部一致。而縱波的代表性例子是聲音。縱波是藉由傳送波的物質（介質，聲波的介質為空氣）之密度變化來傳送，所以也稱為「疏密波」。如果以密度的高低，或者以振動前後的位置偏移（變位）為縱軸畫成圖形，也能把縱波像橫波一樣（如右圖所示）表現出來。

搖晃方向與行進方向垂直的「橫波」

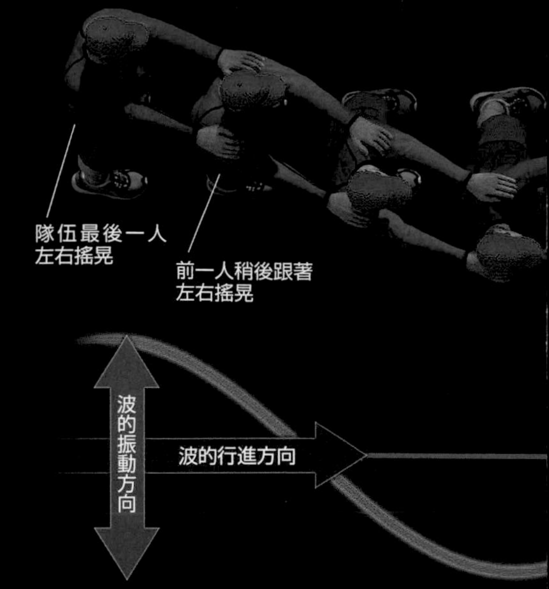

隊伍最後一人
左右搖晃

前一人稍後跟著
左右搖晃

波的振動方向

波的行進方向

搖晃方向與行進方向相同的「縱波」

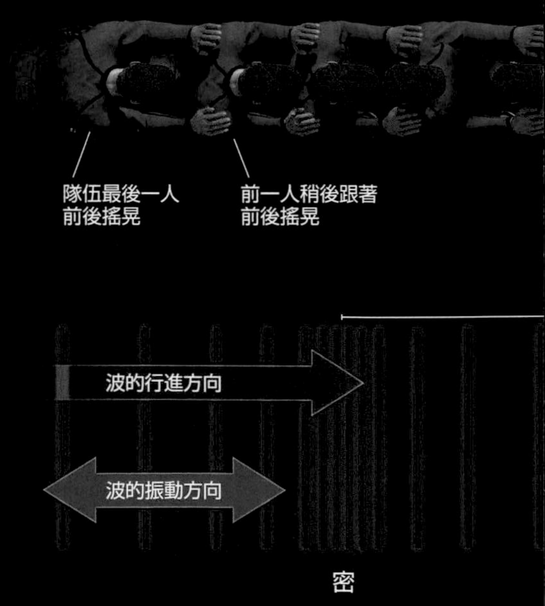

隊伍最後一人
前後搖晃

前一人稍後跟著
前後搖晃

波的行進方向

波的振動方向

密

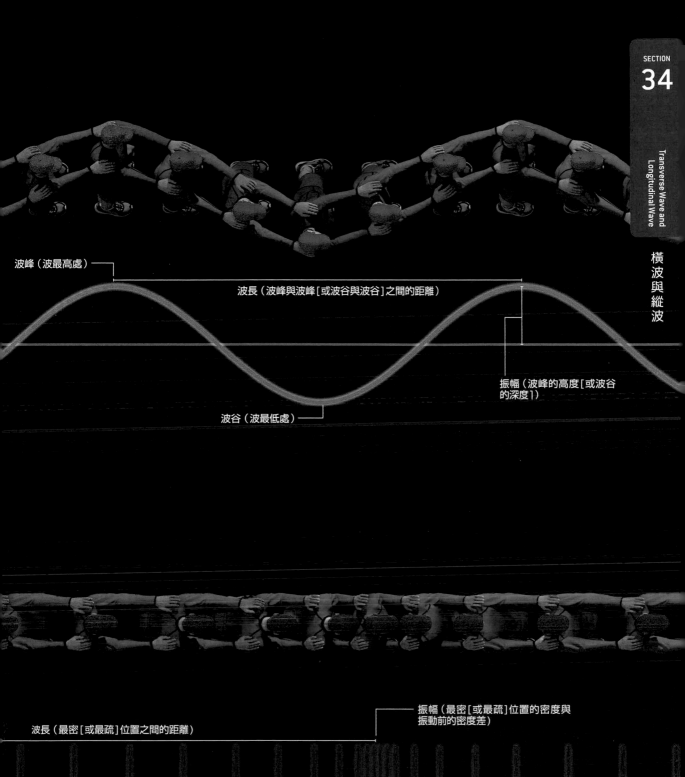

波峰（波最高處）

波長（波峰與波峰［或波谷與波谷］之間的距離）

振幅（波峰的高度［或波谷
的深度］）

波谷（波最低處）

振幅（最密［或最疏］位置的密度與
振動前的密度差）

波長（最密［或最疏］位置之間的距離）

疏

密

地震的搖晃有「Ｐ波」、「Ｓ波」、「表面波」

所謂的「地震波」，是指地下斷層的岩盤發生錯動，造成衝擊而擴散開來的現象。在地底傳播的地震波分為「Ｐ波」和「Ｓ波」（下圖）。Ｐ波意即「最初的波」（primary wave），速度較快，最早傳到地面，引發初期的微動（在地殼的秒速為大約 6.5 公里。但速度依場所而有所不同），類型為縱波，在地盤中沿著波的行進方向搖晃。在大多數情況中，地震波是從鄰近地面的下方垂直傳上來，所以Ｐ波多半引發輕微的縱向（上下）搖晃。

Ｐ波和Ｓ波的差異

Ｐ波是在地盤中沿著波行進方向振動的縱波（疏密波），圖中以白色輔助線（上下方向）表示其疏密的意象。又，壓縮的部分以紅色表示。而Ｓ波則是在地盤中垂直於波行進方向振動的橫波。圖中以白色輔助線（左右方向）表示其搖晃的意象。

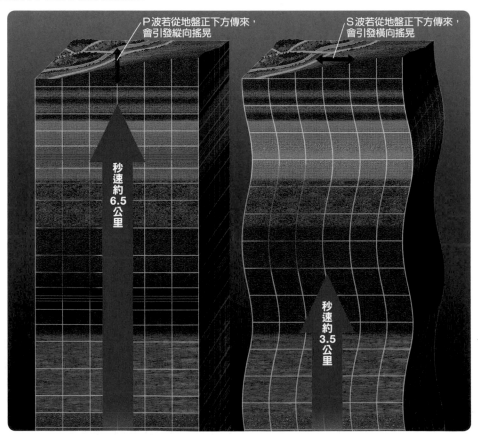

P波若從地盤正下方傳來，會引發縱向搖晃

S波若從地盤正下方傳來，會引發橫向搖晃

秒速約 6.5 公里

秒速約 3.5 公里

比 P 波慢一點傳來的是「S 波」。S 波即「第二波」（secondary wave），速度比 P 波慢一點（在地殼的秒速為大約 3.5 公里），類型為橫波，在多數情況下會覺得地面大幅度橫向（左右）搖晃。地震所造成的損害主要來自 S 波。

「緊急地震速報」便是利用搖晃較小的 P 波會先抵達地面的特點。設置在震源附近的地震儀如果偵測到 P 波，立刻根據它的資訊，預測 S 波傳到各地方的抵達時刻和震度，再透過電視等媒體，在強烈搖晃來臨之前預先向大眾發出速報。

「表面波」（surface wave）則是指在地底傳播的地震波抵達地面之後，沿著地面行進的波。表面波比 S 波更慢到達，搖晃的週期比較長，振幅通常也比 S 波大。

地震波的波形

首先是 P 波抵達地表，其後 S 波抵達而引發較大的搖晃（主震）。最後抵達的表面波容易引發長週期的巨大搖晃。

在地面傳播的表面波

地震波抵達地面之後，沿著地面行進的波稱為表面波。引發長達數秒至數十秒的長週期搖晃，在大多數情況下，搖晃的程度遠比 S 波更大。這種長週期的搖晃，會藉由稱為「共振」的現象，使高層建築物劇烈搖晃。像東京這類地層較厚的地方，表面波很容易增幅，造成比 P 波和 S 波更久更大的搖晃。

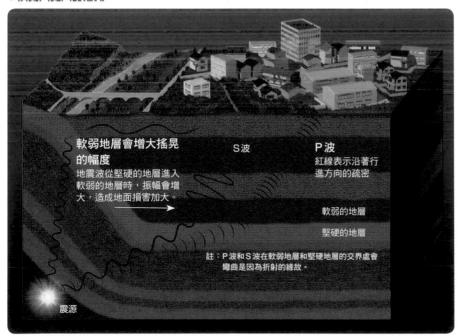

軟弱地層會增大搖晃的幅度
地震波從堅硬的地層進入軟弱的地層時，振幅會增大，造成地面損害加大。

S波

P波
紅線表示沿著行進方向的疏密

軟弱的地層

堅硬的地層

註：P波和S波在軟弱地層和堅硬地層的交界處會彎曲是因為折射的緣故。

震源

水波紋有如水在畫圓似地運動

水面波其實並非水單純地上下振動而已。截取水的一小部分來仔細觀察,即可發現這個部分在做著圓周運動(或橢圓運動)。也就是說,它既不是縱波,也不是橫波。

水的圓周運動半徑在水面處最大,越往水下則越縮越小。也不是只有表面的水在運動,而是到某個深度水都在運動。直到水面下大約半個波長的深度,水才停止不動。不過,在較淺受水底影

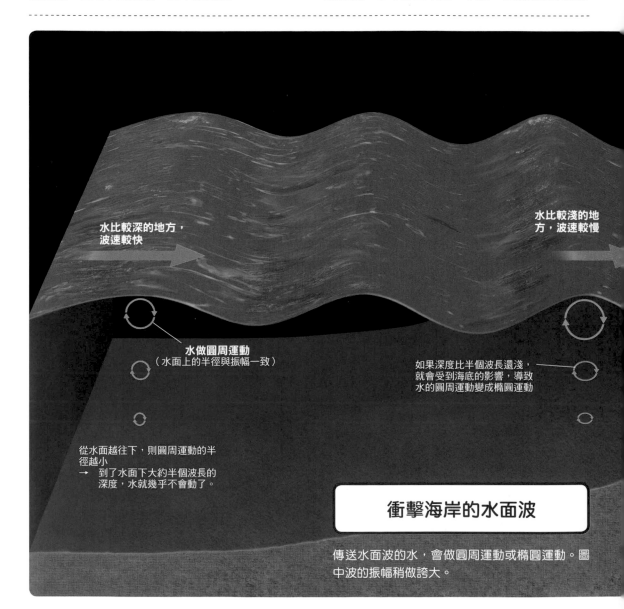

水比較深的地方,波速較快

水比較淺的地方,波速較慢

水做圓周運動
(水面上的半徑與振幅一致)

如果深度比半個波長還淺,就會受到海底的影響,導致水的圓周運動變成橢圓運動

從水面越往下,則圓周運動的半徑越小
→ 到了水面下大約半個波長的深度,水就幾乎不會動了。

衝擊海岸的水面波

傳送水面波的水,會做圓周運動或橢圓運動。圖中波的振幅稍做誇大。

響的地方，水的圓周運動會變成橫長的橢圓運動。它的扁平程度是越往底部則越大，到了底部完全瓦解而變成單純的往返運動。地震波之中的「表面波」也有一部分會像水面波一樣，在地面形成有如畫圓般地振動。

水面波的速度會受到水深的影響。波在較淺的地方行進時，傳播速度較慢。而越靠近海岸，深度越來越淺，所以波的速度會越來越慢。發生海嘯的時候，海水衝擊淺灘之後，前端波浪的速度變慢，但後方的浪濤仍然以較快的速度推擠過來，導致波的振幅（海浪高度）加大。因此，海嘯在海岸附近會拉抬高度，有時候可達到好幾公尺高。

相反地，在較深的地方，水面波的速度相當快。有些海嘯的前進速度甚至與噴射機不相上下。

水面波

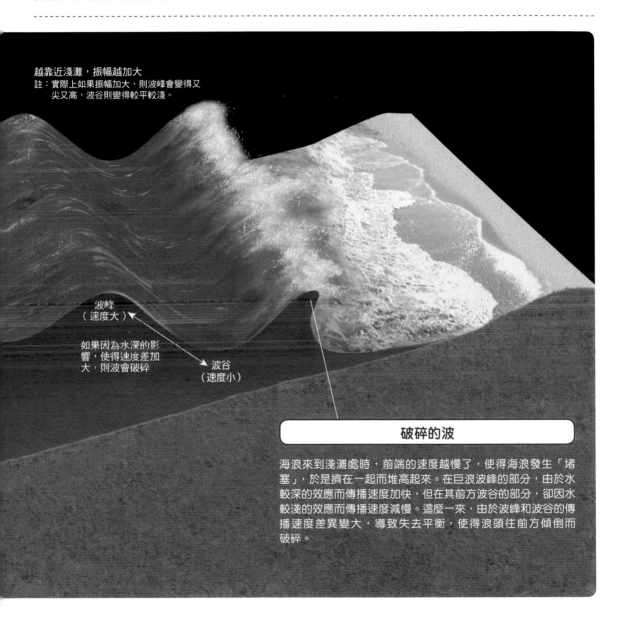

越靠近淺灘，振幅越加大
註：實際上如果振幅加大，則波峰會變得又
　　尖又高，波谷則變得較平較淺。

波峰
（速度大）

如果因為水深的影響，使得速度差加大，則波會破碎

波谷
（速度小）

破碎的波

海浪來到淺灘處時，前端的速度越慢了，使得海浪發生「堵塞」，於是擠在一起而堆高起來。在巨浪波峰的部分，由於水較深的效應而傳播速度加快，但在其前方波谷的部分，卻因水較淺的效應而傳播速度減慢。這麼一來，由於波峰和波谷的傳播速度差異變大，導致失去平衡，使得浪頭往前方傾倒而破碎。

聲音的本質是空氣的振動

我們平日習以為常的「聲音」，它的本質其實是空氣波（空氣的振動），稱為「音波」或「聲波」。樂器及揚聲器、人們喉嚨深處的聲帶等聲源發生振動時，會引發空氣的振動而往四面八方傳播開來。這個空氣的振動傳到我們耳朵深處的鼓膜時，會轉變成鼓膜的振動，讓我們能夠感知到聲音。

波分為振動與行進兩者方向垂直的「橫波」，以及振動與行進兩方向平行的「縱波」（疏密波）。聲波（空氣的振動）則屬於疏密波（亦即縱波）的一種。

鼓聲的傳播機制

擊鼓時，由於鼓皮振動，使得空氣產生稀薄區與濃密區交互出現的情形，因而製造出疏密波。這個波朝四面八方傳送，傳到周圍人們的耳裡，便會聽到「咚」「咚」的鼓聲。越用力擊鼓，鼓皮振動的幅度（振幅）越大，空氣振動的振幅就越大，所以聽到的鼓聲也就越大。

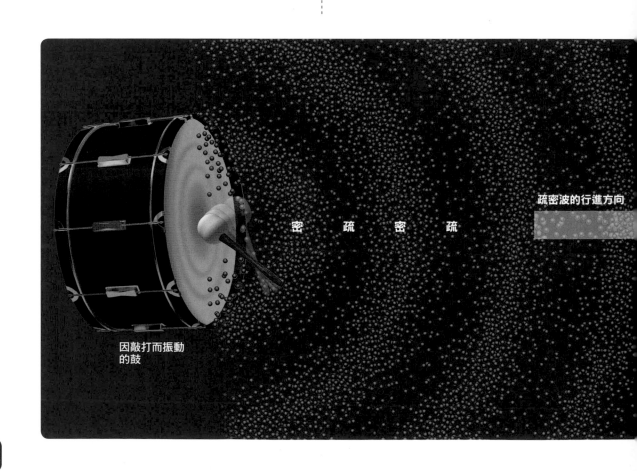

密　疏　密　疏

疏密波的行進方向

因敲打而振動的鼓

聲音的高低依振動速度而定

波每秒振動的次數稱為「頻率」或「振動數」,單位記為 Hz。聲波的頻率越大,則聲音越高。我們人類能夠聽到的聲音稱為「聲頻」,頻率在大約20～2萬 Hz 的範圍內,比這個範圍更高或更低的聲音,我們都無法聽見。比聲頻更低的聲音稱為「超低頻音」或「次音波」,比聲頻更高的聲音稱為「超音波」。

聲音的速度會依溫度而變化,在空氣中大約為秒速340公尺。聲音不只會在空氣中傳播,也會在液體和固體內傳播。不過,它在不同介質中傳播的速度並不一樣。一般而言,在固體中傳播的速度大於在液體中,而在液體中傳播的速度又大於在氣體中。

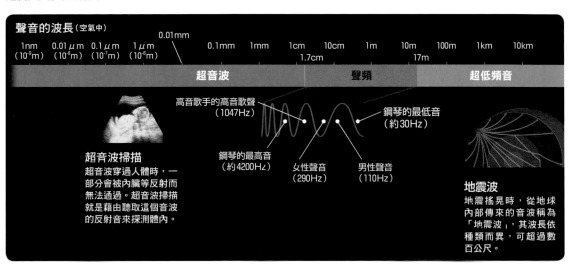

聲音的波長(空氣中)

| 1nm
(10^{-9}m) | 0.01μm
(10^{-8}m) | 0.1μm
(10^{-7}m) | 1μm
(10^{-6}m) | 0.01mm | 0.1mm | 1mm | 1cm | 10cm
1.7cm | 1m | 10m
17m | 100m | 1km | 10km |

超音波　　　　　聲頻　　　超低頻音

高音歌手的高音歌聲
(1047Hz)

鋼琴的最低音
(約30Hz)

超音波掃描
超音波穿過人體時,一部分會被內臟等反射而無法通過。超音波掃描就是藉由聽取這個音波的反射音來探測體內。

鋼琴的最高音
(約4200Hz)

女性聲音
(290Hz)

男性聲音
(110Hz)

地震波
地震搖晃時,從地球內部傳來的音波稱為「地震波」,其波長依種類而異,可超過數百公尺。

海豚會發出聲音與伙伴交換訊息
專欄 COLUMN

海豚要與伙伴溝通時,會在水中發出聲波。聲音在水中的傳播速度大約為秒速1500公尺。因此海豚能與遠方的伙伴交換訊息。

發出聲音與伙伴溝通的海豚

聲源越靠近則聲音聽來越高亢的「都卜勒效應」

假設有輛救護車鳴著警笛逐漸開過來。當它從眼前通過,並急駛而去的瞬間,則警笛聲會較先前聽到的低。這就是當聲音的發生源(聲源)接近或遠離聽到聲音的人(觀測者)時產生的「都卜勒效應」(Doppler effect)。

聲音的高低取決於聲波的「頻率」,是指波在1秒內的振動次數,單位為Hz。頻率有時也稱為「振動數」或「周波數」。以聲音來說,

音源移動時波長會跟著改變

本圖所示為救護車邊行駛邊發出警笛聲(聲波)的傳播模式。實際上聲音是以每0.1秒約34公尺的速度行進,在此特地把它畫得比較慢,以便讀者容易了解其波長的變化。此外,對於站在救護車前、後方的人(聲音觀測者),分別在各個觀測者正上方標示出聲波在傳抵過程中產生的變化。聲波原本是縱波,在此把空氣的疏密畫成上下的高度,改以橫波的形式呈現。

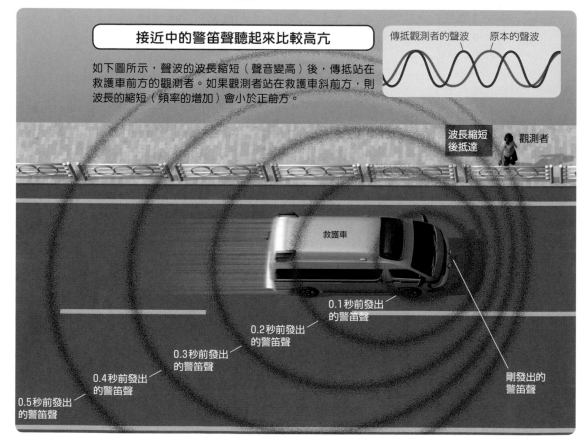

接近中的警笛聲聽起來比較高亢

如下圖所示,聲波的波長縮短(聲音變高)後,傳抵站在救護車前方的觀測者。如果觀測者站在救護車斜前方,則波長的縮短(頻率的增加)會小於正前方。

傳抵觀測者的聲波　原本的聲波

波長縮短後抵達　　觀測者

救護車

0.1秒前發出的警笛聲

0.2秒前發出的警笛聲

0.3秒前發出的警笛聲

0.4秒前發出的警笛聲

0.5秒前發出的警笛聲

剛發出的警笛聲

頻率越大（空氣的振動越快），聲音聽起來越高亢。順帶一提，救護車的警笛聲頻率，「嗶」為960Hz，「啵」為比較低的770Hz。

當救護車一邊鳴放警笛一邊前進時，如同左頁圖中所示，在救護車的前方，警笛聲的波長會被壓縮（變短）。但是在這個時候，警笛聲傳送的速度本身並沒有變化。也就是說，由於警笛聲的波長縮短了，會造成與其成反比的頻率變大。因此當聲源接近時，頻率會增大，所以聲音聽起來變得比較高亢。這就是都卜勒效

應的機制。

當救護車遠離而去時，會發生相反的現象。聲音的波長拉長而使得頻率減小，於是聽起來會比原來的聲音低沉。

靜止時的聲波

救護車停止時，警笛聲傳到救護車周圍的任何地方都是相同的波長，聲音的高低沒有發生變化。

波長在傳送的過程中沒有改變

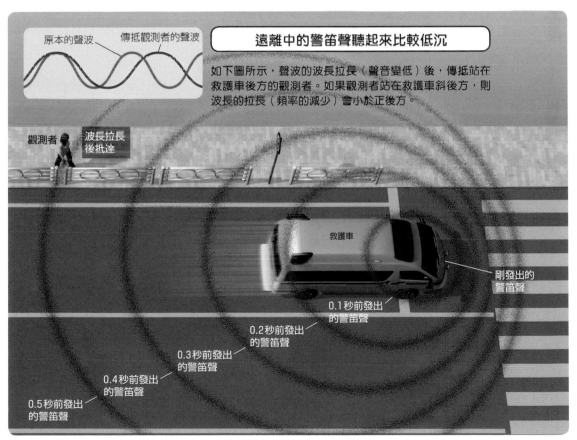

原本的聲波　傳抵觀測者的聲波

遠離中的警笛聲聽起來比較低沉

如下圖所示，聲波的波長拉長（聲音變低）後，傳抵站在救護車後方的觀測者。如果觀測者站在救護車斜後方，則波長的拉長（頻率的減少）會小於正後方。

觀測者　波長拉長後抵達

救護車

剛發出的警笛聲

0.1秒前發出的警笛聲

0.2秒前發出的警笛聲

0.3秒前發出的警笛聲

0.4秒前發出的警笛聲

0.5秒前發出的警笛聲

波會「繞射」到物體背後

我們無法直接看到牆壁後面的景物，卻能聽到牆壁後面傳來的聲音，正因為聲音是一種波，才會發生這種情況。波遇到障礙物能夠轉彎繞到它的背後，這樣的性質稱為「繞射」（diffraction）。基本上，波的波長越長，就越容易發生繞射的現象。人聲的波長為 1 公尺左右，屬於較長的波，所以容易繞到牆壁及建築物後面。

聲音容易發生繞射

本模擬示意圖顯示聲音（聲波）繞牆傳送能讓人聽到的場景。人聲的頻率一般在 300 ～ 700Hz 的範圍，換算成波長則為 0.5 ～ 1 公尺左右。實際上聲音是以立體（3 維度）的形式傳播開來。還有，在室內除了繞射之外，聲音也會與天花板及牆壁發生「反射」而傳送。

誰來幫我一下啊！

女士呼叫的聲音（聲波）

聲音有如繞過牆壁傳來

波的繞射和在市區使用手機的通訊難易度也有關係。手機所使用的電波波長為數十公分到接近 1 公尺。這個波長很容易繞過牆壁及建築物等障礙物，所以即使是建築物背面，基地台也很容易將電波傳到。

光（可見光）的波長非常短，只有 0.0004 ～ 0.0008 毫米的程度，所以在日常生活中幾乎不會發生繞射的現象。

光不容易繞射且直進性很高，這件事從日陰處即可了解。如果光容易繞射的話，即使是建築物的背面，陽光也會繞過去，就不太容易形成陰影處了。

前面介紹過「波長越長則越容易發生繞射」，但更正確的說法是：繞射的難易度取決於縫隙或障礙物的大小與波長之間的關係（下圖）。即使是光，在通過相應其波長的極小縫隙時，也會發生大幅度的繞射。

什麼情況容易發生繞射？

本圖顯示，依據不同波長和縫隙大小，波發生繞射之難易度的變化。如①縫隙大於波長的情況，通過縫隙的波基本上會直線行進，通過後的波不太會擴散開來（不會發生大幅度的繞射）。如果是相同的波長，但是如②所示把縫隙縮小（和波長差不多的程度），則波會發生大幅度的繞射，甚至繞到牆的背面。而③的縫隙和②相同，但是把波長縮短，使縫隙相對於波長變大（和①的狀況相同），則再度出現繞射不易的現象。

① 波長較長，縫隙也大

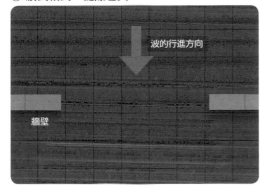

波的行進方向

牆壁

② 波長和縫隙尺度相當

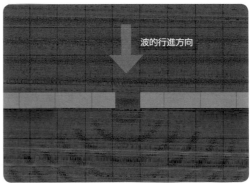

波的行進方向

惠更斯原理

專欄
COLUMN

荷蘭物理學家惠更斯（Christiaan Huygens，1629～1695）提出「惠更斯原理」，主張「波面（波的前端）上的各個點，會產生無數個球面狀（水面波則為圓形）的波，這些無數個球面狀的波，疊合形成下個瞬間的波面」。繞射便可以利用惠更斯原理來了解。當波的行進方向上有縫隙的話，在各點產生的圓形波會「殘留下來」，導致波擴散開來。

③ 縫隙較小，波長也短

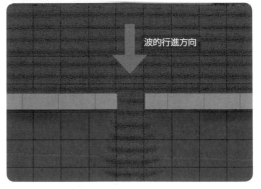

波的行進方向

聲音也會反射及折射

登山的時候朝著山谷大喊一聲「呀喝～～」，不久之後會聽到山谷對面也傳來「呀喝～～」的聲音，這個現象稱之為「回聲」（echo），因為聲音撞到了山谷而「反射」，讓我們聽到了回傳的聲音。像這樣，聲波撞到物體時，就會發生「反射」（reflection）。

聲波反射的容易度（反射率）視物體的材質而不同。一般而言，聲波於柔軟和表面凹凸不平的東西較不容易反射，而於堅硬和表面光滑平整的東西較容易反射。聲音在浴室、洞窟、音樂廳等場所會變得比較大，是

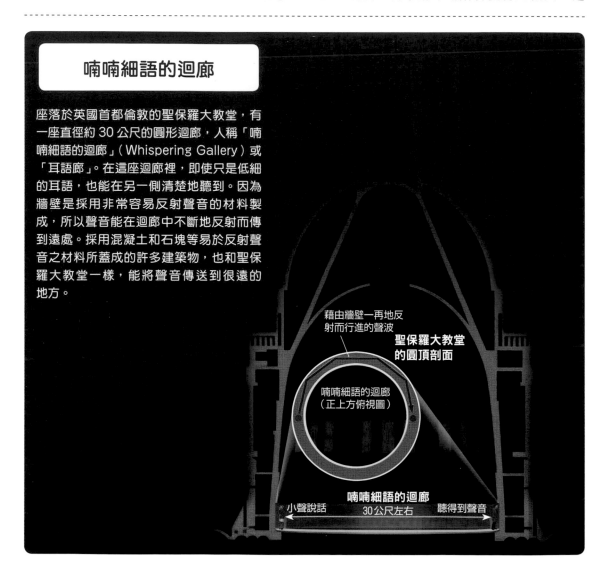

喃喃細語的迴廊

座落於英國首都倫敦的聖保羅大教堂，有一座直徑約 30 公尺的圓形迴廊，人稱「喃喃細語的迴廊」（Whispering Gallery）或「耳語廊」。在這座迴廊裡，即使只是低細的耳語，也能在另一側清楚地聽到。因為牆壁是採用非常容易反射聲音的材料製成，所以聲音能在迴廊中不斷地反射而傳到遠處。採用混凝土和石塊等易於反射聲音之材料所蓋成的許多建築物，也和聖保羅大教堂一樣，能將聲音傳送到很遠的地方。

藉由牆壁一再地反射而行進的聲波

聖保羅大教堂的圓頂剖面

喃喃細語的迴廊（正上方俯視圖）

喃喃細語的迴廊

小聲說話　　30公尺左右　　聽得到聲音

因為聲音於牆壁等處反射，產生回聲讓我們聽到的緣故。相反地，用於檢測揚聲器或麥克風等設備性能的無響室（消音室），牆壁特地採用幾乎不會反射聲音的材料，以便抑制聲音的反射。

除了反射之外，聲波也具有「折射」的性質。

夜晚往往比白天更能清楚聽到遠處寺廟傳來的鐘聲或電車的聲音等等，除了夜晚通常比白天更安靜之外，也與聲音的折射有關。

天氣好的日子一到晚上，因為地表附近的溫暖空氣浮上天空，或是地表的熱轉化為紅外線而散逸至宇宙空間的「輻射冷卻」（radiation cooling），造成上空的氣溫比地表附近的氣溫高。而因聲音具有在溫度較高的空氣中傳播速度較快的性質，因此抵達高空的聲音，會在溫暖的空氣中朝地表的方向折射，使聲音能夠傳到白天難以到達的遙遠之處。

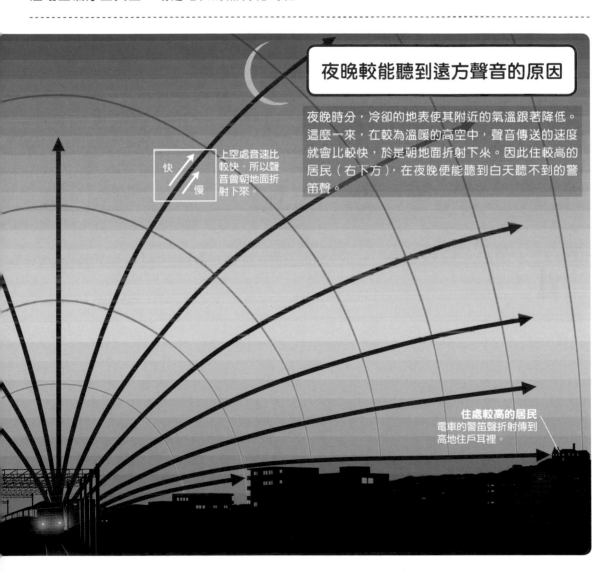

夜晚較能聽到遠方聲音的原因

夜晚時分，冷卻的地表使其附近的氣溫跟著降低。這麼一來，在較為溫暖的高空中，聲音傳送的速度就會比較快，於是朝地面折射下來。因此住較高的居民（右下方），在夜晚便能聽到白天聽不到的警笛聲。

快
慢
上空處音速比較快，所以聲音會朝地面折射下來。

住處較高的居民
電車的警笛聲折射傳到高地住戶耳裡。

「電磁波」依其波長有不同的特徵與用途

前面曾經介紹過，手機和電視等電器所使用的電波和光（可見光），只是波長不同而已，本質上都同樣是「電磁波」。除此之外，電磁波的家族還有很多其他的成員，依照波長由長至短依序為無線電波、紅外線、可見光、紫外線、X射線、r射線等等。這些還可以各別依照波長（或頻率）做進一步的細分。

電磁波的特徵依其波長而有很大的不同。波長越長越容易在行進中擴散，而波長越短

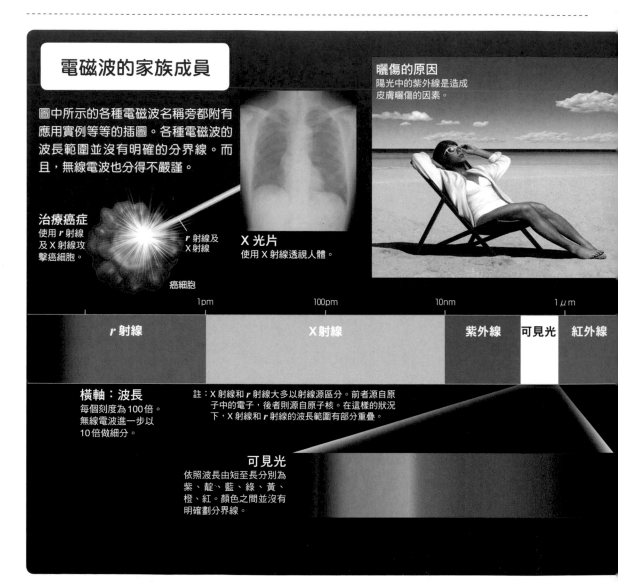

電磁波的家族成員

圖中所示的各種電磁波名稱旁都附有應用實例等等的插圖。各種電磁波的波長範圍並沒有明確的分界線。而且，無線電波也分得不嚴謹。

曬傷的原因
陽光中的紫外線是造成皮膚曬傷的因素。

治療癌症
使用r射線及X射線攻擊癌細胞。

r射線及X射線

癌細胞

X光片
使用X射線透視人體。

1pm	100pm	10nm	1μm

r射線　　　　X射線　　　　紫外線　可見光　紅外線

橫軸：波長
每個刻度為100倍。無線電波進一步以10倍做細分。

註：X射線和r射線大多以射線源區分。前者源自原子中的電子，後者則源自原子核。在這樣的狀況下，X射線和r射線的波長範圍有部分重疊。

可見光
依照波長由短至長分別為紫、靛、藍、綠、黃、橙、紅。顏色之間並沒有明確劃分界線。

則越容易保持高度的直進性，這也是波動的普遍性質。此外，波長越短，能量越高。

　波長較長的無線電波（波長在0.1毫米範圍以上）會邊擴散邊行進，很容易抵達市區的各個角落，常運用於通訊及廣播等領域。紅外線（波長在0.1毫米～800奈米範圍）具有加熱物體的作用；可見光（波長在800～400奈米範圍）會刺激視網膜，使我們產生視覺；紫外線（波長在400～10奈米範圍）的能量很高，照射到皮膚會造成曬傷；X射線（波長在10奈米～1皮米範圍）和伽瑪射線（波長在10皮米範圍以下）的能量更高，人如果遭到大量照射會有致命的危險。

　不過，電磁波並非前述「物體振動」所產生的波，所以光之類的電磁波和聲波等不一樣，在真空中也能夠傳播。電磁波是無介質之特殊波。

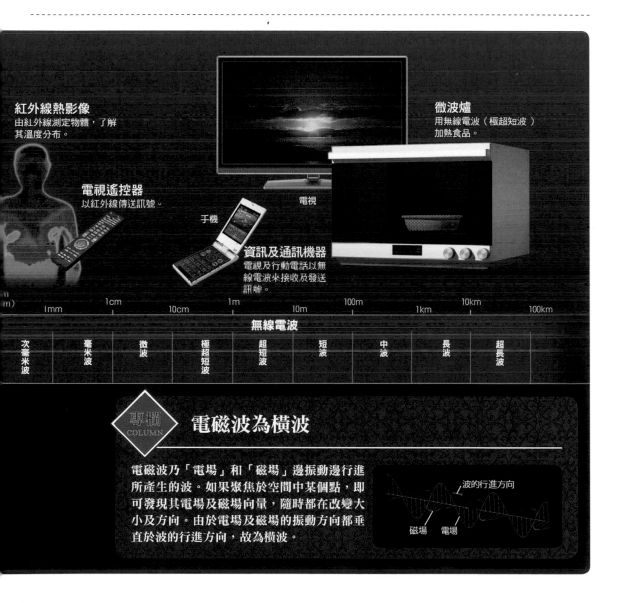

紅外線熱影像
由紅外線測定物體，了解其溫度分布。

微波爐
用無線電波（極超短波）加熱食品。

電視遙控器
以紅外線傳送訊號。

電視

手機

資訊及通訊機器
電視及行動電話以無線電波來接收及發送訊號。

m)	1mm	1cm	10cm	1m	10m	100m	1km	10km	100km

無線電波

次毫米波	毫米波	微波	極超短波	超短波	短波	中波	長波	超長波

專欄 COLUMN

電磁波為橫波

電磁波乃「電場」和「磁場」邊振動邊行進所產生的波。如果聚焦於空間中某個點，即可發現其電場及磁場向量，隨時都在改變大小及方向。由於電場及磁場的振動方向都垂直於波的行進方向，故為橫波。

波的行進方向

磁場　電場

使光折射的凸透鏡與凹透鏡

透鏡利用光從空氣中進入玻璃時會發生折射的性質,分為兩種,一種是中央部分比邊緣厚的「凸透鏡」,另一種是中央部分比邊緣薄的「凹透鏡」。

凸透鏡具有把光集中於一點的性質,所以能將物體的影像放大,常用來製成放大鏡、顯微鏡、望遠鏡等等。遠視或老花眼所配戴的眼鏡,也是使用凸透鏡來製作鏡片。

另一方面,凹透鏡則和凸透鏡相反,具有把光放大(擴散)的性質,因此凹透鏡遂常用來製造近視眼配戴的眼鏡鏡片等等。

使用凸透鏡觀察物體……

使用放大鏡之類的凸透鏡,所看到的物體影像會放大好幾倍,所以能夠觀察物體的細部,其放大倍數用「倍率」表示。折射程度越大(折射率越高),倍率也越大。

凸透鏡與凹透鏡

凸透鏡與凹透鏡乃運用光的折射性質。凸透鏡能把平行射入的許多光線集中於一個小點。相反地，凹透鏡則是把平行射入的許多光線擴散開來。

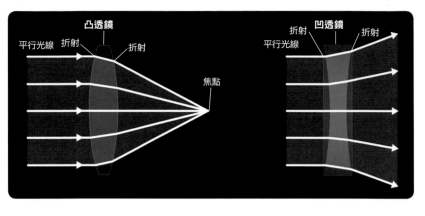

為什麼看起來比較大？

陽光和燈光照射在物體上會被反射。當我們把目光放在下圖文字「N」上面的 A，A 反射的光會擴散開來，穿過凸透鏡時彎曲，再抵達我們的眼睛。如果把這些光拉直延伸，則會相交於一點（A'）。倘若物體的上端真的位於 A'，而且也沒有透鏡存在的話，那麼光應該會沿著圖中的虛線筆直行進，進入我們的眼睛。由於視覺上會認為「光線應該是筆直行進而來」，看起來好像物體上端真的在 A' 的位置。透過凸透鏡觀看物體的各個點都是同樣的道理，所以物體似乎放大了。順帶一提，實際上光在進、出凸透鏡時，會分別各折射一次。此處為簡化說明，故僅顯示光在凸透鏡的中央折射一次。

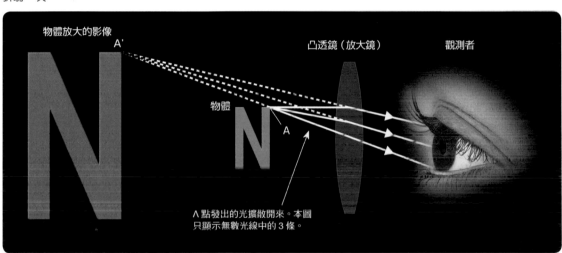

A 點發出的光擴散開來。本圖只顯示無數光線中的 3 條。

專欄 COLUMN 隱形眼鏡和一般眼鏡的差別

和一般眼鏡一樣，近視用的隱形眼鏡也是採凹透鏡製成。但比一般眼鏡更貼近眼球，所以曲度較小，視野亦較為寬闊。然而缺點是容易造成眼球供氧不足等等。

物體呈顯的樣貌取決於光的「反射」

我們知道，光（可見光）照到水面會反射或是折射。一般來說，波經過物質的介面時，會有部分「反射」，其餘部分「折射」而繼續前進。首先，我們來看看反射的部分。

鏡子裡什麼都沒有，為什麼會映照出自己的臉呢？因為鏡子是在玻璃板背面塗上一層金屬層而製成，背面的這層金屬非常平滑，沒有任何凹凸，所以光才能完全反射，顯映出我們的影像。在鏡子裡，紅色物體仍是紅色，藍色物體也仍是藍色，表示鏡子能反射各種顏色

鏡子的映照原理與反射

圖的上半部分顯示映照出自己臉孔時，光的行進路線。從臉上各部位反射出來的光，經鏡子再度反射，然後進入眼睛裡；圖的下半部分為光通過水面之際的情景。透射光與反射光的比例，依光的入射角而有所不同。入射角超過某個角度時，入射光會全部成為反射光，這種情況稱為「全反射」，而開始發生全反射的角度稱為「臨界角」。

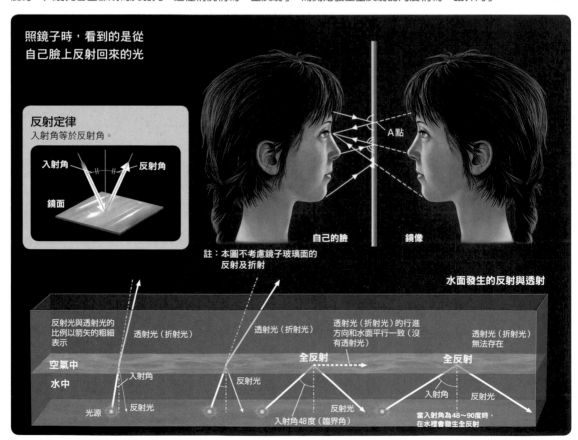

照鏡子時，看到的是從自己臉上反射回來的光

反射定律
入射角等於反射角。

入射角　反射角

鏡面

自己的臉　　鏡像

註：本圖不考慮鏡子玻璃面的反射及折射

A點

水面發生的反射與透射

反射光與透射光的比例以箭矢的粗細表示

透射光（折射光）

透射光（折射光）

透射光（折射光）的行進方向和水面平行一致（沒有透射光）

透射光（折射光）無法存在

空氣中

水中

光源　反射光

入射角

反射光

全反射

入射角48度（臨界角）

反射光

全反射

入射角

反射光

當入射角為48～90度時，在水裡會發生全反射

的光。

　請想像一下這樣的情境，假設你站在鏡子前看著自己的臉。此時臉上各部位會將照射的燈光反射，這些反射光經過鏡子再度反射，然後進入自己的眼睛裡。我們所看到的光是曾經從自己臉上反射出來的，但視覺上會認為「光應該是直進的」，所以，會如左頁圖所示，把從額頭反射出來進入眼裡的光，視為是從連接眼睛和A點的延長線上直射而來。從臉上任何部位反射而來的光，都會發生相同的情況，因此，看起來就好像是在以鏡面為對稱軸的相對

位置上，有一張自己的臉。

　而我們周遭的絕大多數物體和鏡子不一樣，如果放大來看，表面都是凹凸不平的，光照射在這些表面上會朝四面八方反射。因此，雖然物體的表面無法映照出臉，但即使改變觀看的位置，我們還是可以看到這個物體。

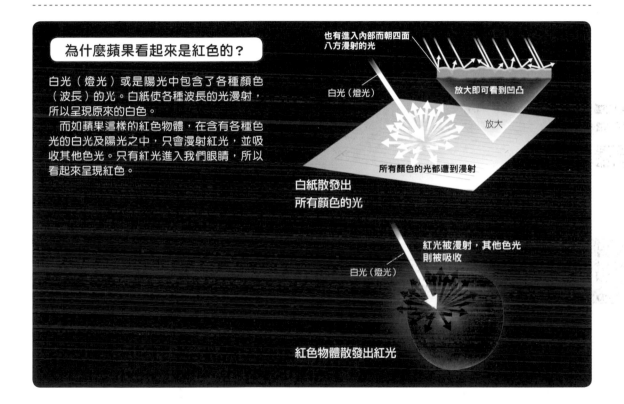

為什麼蘋果看起來是紅色的？

白光（燈光）或是陽光中包含了各種顏色（波長）的光。白紙使各種波長的光漫射，所以呈現原來的白色。

　而如蘋果這樣的紅色物體，在含有各種色光的白光及陽光之中，只會漫射紅光，並吸收其他色光。只有紅光進入我們眼睛，所以看起來呈現紅色。

也有進入內部而朝四面八方漫射的光

白光（燈光）

放大即可看到凹凸

放大

所有顏色的光都遭到漫射

白紙散發出所有顏色的光

紅光被漫射，其他色光則被吸收

白光（燈光）

紅色物體散發出紅光

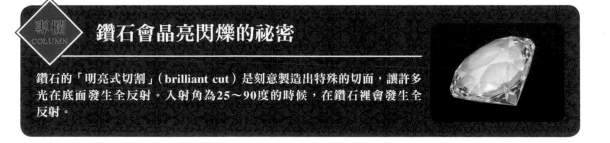

鑽石會晶亮閃爍的祕密

專欄 COLUMN

鑽石的「明亮式切割」（brilliant cut）是刻意製造出特殊的切面，讓許多光在底面發生全反射。入射角為25～90度的時候，在鑽石裡會發生全反射。

光在物質介面會發生「折射」

在我們的眼睛中，不同波長的光（可見光）會呈現不同的顏色，波長較長的光呈現紅色或橙色，波長較短的光呈現紫色或藍色。

陽光（白光）由各種波長（顏色）的光混合在一起，使用玻璃製三角柱（三稜鏡）可使陽光分散成彩虹般的七種顏色（右頁）。

光進入玻璃時，它的速度會減慢到每秒20萬公里（約為空氣中的65%）。而且，不同波長的光在玻璃中的行進速度亦有些微差異，波長越短則變得越慢。因而導致各個波長（顏色）的光進入玻璃時的「折射」角度不一樣，使原本為白色的陽光，分散成彩虹般的七種顏色。

所謂的「折射」，是指光從空氣進入玻璃或水等透明物質時，或從物質進入空氣時，其行進速度產生變化，導致行進路徑彎折的現象。水中的物體看起來比實際的位置稍微浮上來，就是折射的緣故。由於光的行進路徑彎折，使得我們產生錯覺，以為光是從比實際位置更高之處發出來（以為物體位於更高的位置）。

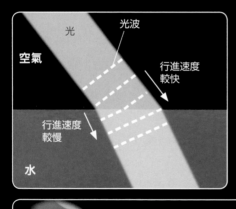

光
光波
空氣
行進速度較快
行進速度較慢
水

行進速度變化會發生「折射」

像左圖這樣，一束具有寬度的光從空氣進入水中時，先進入水中的部分其行進速度會變慢，使得光束左右兩邊的速度產生差異，導致行進路徑彎折，這就是折射。另外，我們的視覺會認為「光應該是筆直行進的」，所以水中的硬幣會如圖所示，看起來好像在「硬幣虛像」的位置上。

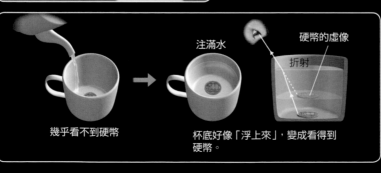

幾乎看不到硬幣

注滿水

硬幣的虛像

折射

杯底好像「浮上來」，變成看得到硬幣。

把光分成七種顏色的三稜鏡

光從一種物質進入另一種行進速度不同的物質時，行進路徑在介面處會發生彎折的現象，稱為「折射」。折射的角度依兩種物質之間的速度差而定，速度差越大則彎曲越大。如圖所示，光依其波長（顏色）之不同，在玻璃中行進的速度並不一樣，亦即折射的角度不一樣。因此，陽光進入三稜鏡之後，會依各個波長（顏色）而分散開來。為易於理解，圖中把速度及折射角度的差異稍做誇示。雨後天空高掛的彩虹，也是基於相同的原理，當然它並非利用三稜鏡，而是藉由懸浮於空氣中無數水滴折射、反射所發生的現象。

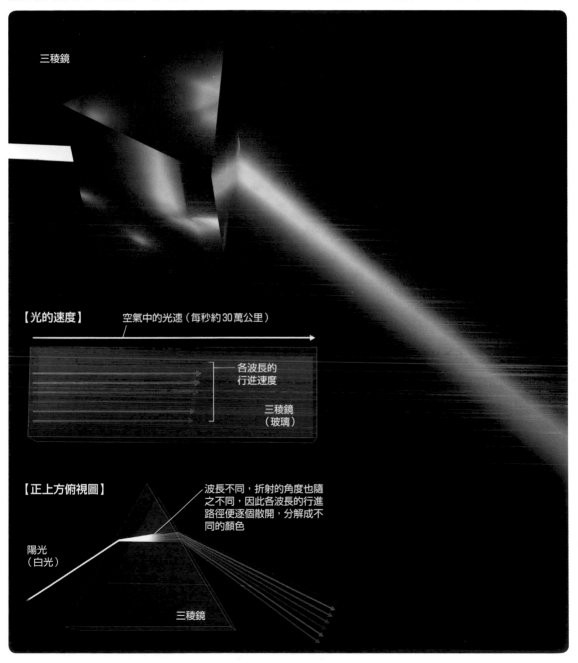

三稜鏡

【光的速度】　空氣中的光速（每秒約30萬公里）

各波長的
行進速度

三稜鏡
（玻璃）

【正上方俯視圖】　波長不同，折射的角度也隨之不同，因此各波長的行進路徑便逐個散開，分解成不同的顏色

陽光
（白光）

三稜鏡

能看到藍天與晚霞全是拜「散射」所賜

若你是太空人，正飄浮在漆黑的宇宙間，一道光從眼前通過，你能看到這道光嗎？相信有許多人看過從樹林枝葉間或雲層空隙穿透而來的「光線」，但這個時候所看到的，其實是由分布在光之路徑上的微塵和細小水滴等等所呈顯的景象。當光撞到不規則分布的微小粒子時，會朝四面八方發散開來，稱為「散射」。如果沒有引發散射的微塵等物質存在，即使光從眼前通過，你也無法看到。因此，當太空人處於前文所述的情境，是無法看到光的。

為什麼天空是一片湛藍呢？白天除了太陽的方向以外，天空中只有無色透明的空氣存在，似乎甚至可以看到星空，天空呈現藍色正是散射的緣故。雖然大氣是透明的，但實際上空氣分子會將太陽光略加散射。我們已經知道，光的波長越短，越容易被空氣分子散射。也就是說，陽光中的紫光和藍光比較容易散射，因此無論朝天空的哪個方向看去，都有藍光和紫光抵達我們的眼睛。而由於眼睛對藍光的感受度高於紫光，所以天空便呈現一片湛藍。

然而為什麼黃昏的天空卻是一片通紅呢？到了黃昏，太陽漸漸下沉到地平線附近，陽光要抵達我們眼睛之前，必須在大氣層中通過很長的距離。藍光等波長比較短的光，在陽光進入大氣層後，會比較快散射掉（在非常遠的地方就已完全散射），故幾乎不會抵達我們的眼睛。夕陽因藍光和紫光已散失，才會偏向紅色。

另一方面，比較不容易散射的紅光（波長較長的光），在相當長距離的行進途中，也只不過散射掉一點點而已，因此從黃昏天空抵達我們眼睛的，就只剩下紅色系的光了。

宇宙中能看到
眼前的光嗎？

在空無一物的宇宙間，沒有任何東西能將光散射，因此即使有光從眼前通過，太空人也看不到。

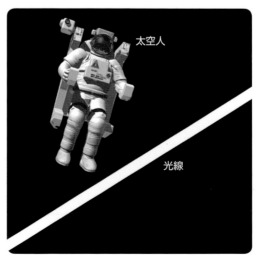

太空人

光線

白晝與黃昏的天空

本圖所示為白晝的天空呈現藍色，黃昏的天空顯現紅色的原因。當陽光為空氣分子所散射時，由於各個光波波長（亦即顏色）散射的難易度並不相同，所以會看到蔚藍的天空和黃昏的彩霞。

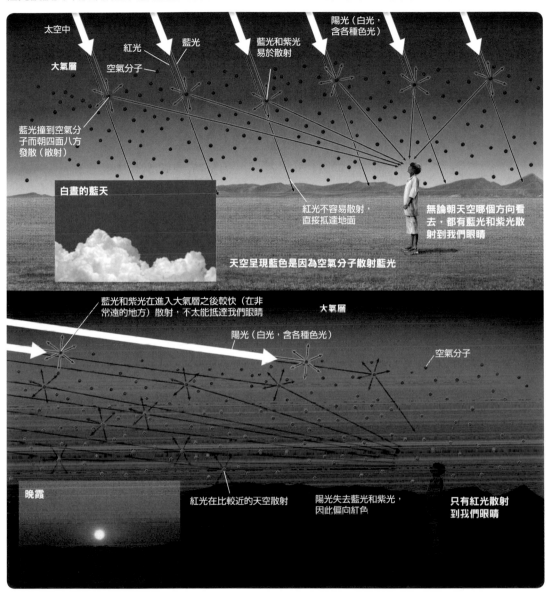

太空中

紅光　藍光

藍光和紫光易於散射

陽光（白光，含各種色光）

大氣層

空氣分子

藍光撞到空氣分子而朝四面八方發散（散射）

白晝的藍天

紅光不容易散射，直接抵達地面

無論朝天空哪個方向看去，都有藍光和紫光散射到我們眼睛

天空呈現藍色是因為空氣分子散射藍光

藍光和紫光在進入大氣層之後較快（在非常遠的地方）散射，不太能抵達我們眼睛

大氣層

陽光（白光，含各種色光）

空氣分子

晚霞

紅光在比較近的天空散射

陽光失去藍光和紫光，因此偏向紅色

只有紅光散射到我們眼睛

為什麼藍光容易散射？

本圖把光波比擬成水面的波。對波長較長的波而言，空氣分子就如同漂浮在水面上的小葉片，波不受影響而繼續行進。而對波長較短的波而言，空氣分子就如同漂浮在水面上的大船，所以波容易朝四面八方散射。雖然僅簡略說明，但這就是藍光容易散射的原因。

波的行進方向

波峰　波谷

空氣分子

波幾乎不受影響

波長

波長較長的光

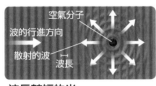

空氣分子

波的行進方向

散射的波

波長

波長較短的光

光穿透物體的機制

波 有時會穿過物質內部行進，這種性質稱為「透射」（transmission），波的穿透比例稱為「透射率」。

例如，對於肉眼能夠看到的光（可見光），玻璃的透射率比較高，所以我們能夠透過玻璃看到另一側的景色。此外，X 射線與可見光同屬電磁波，但波長為 0.01～10 奈米左右，遠比可見光短，具有穿透人體組織的性質，所以在健康檢查等時候，可用於拍攝人體的 X 光相片。

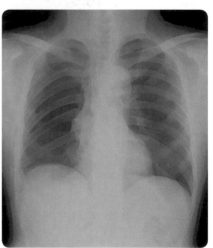

活躍於各個領域的 X 射線

人的骨骼對 X 射線的透射率極低，所以 X 射線很難穿透。而肺對 X 射線的透射率較高，所以 X 射線很容易穿透過去。此外，生病的組織對 X 射線的透射率與正常組織並不相同。X 光攝影便是利用 X 射線透射率的差異，來觀察人體內的情況。X 射線除了金屬及骨骼等物之外，對於各式各樣物質都能穿透，所以不僅用來拍攝人體的 X 光相片，也運用於機場的行李檢查等方面。

只讓單向光通過的偏光板

光包含了各個方向的波。在「偏光板」這種板子上，有無數道非常狹窄的細縫，只會讓振動方向與這些細縫方向相同的波通過。

從事釣魚等戶外活動時所戴的偏光太陽眼鏡，便是利用這個性質。如果水面反射耀眼的陽光，便不容易看清水中的狀況。但水面反射而來的光，與一般的陽光不同，幾乎都是在單一方向上振動的光。因此，透過偏光板便可只把水面的反射光排除掉，進而看清水中的景象。

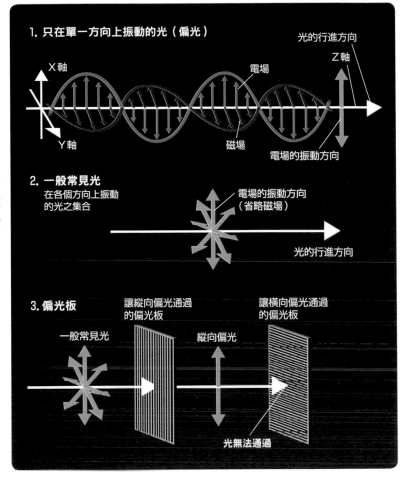

1. 只在單一方向上振動的光（偏光）

光的行進方向

Z軸

X軸

電場

電場的振動方向

Y軸

磁場

2. 一般常見光
在各個方向上振動的光之集合

電場的振動方向（省略磁場）

光的行進方向

3. 偏光板

讓縱向偏光通過的偏光板

讓橫向偏光通過的偏光板

一般常見光

縱向偏光

光無法通過

能穿透水及玻璃看到風景的偏光濾鏡

專欄 COLUMN

不只水面，玻璃的反射光也是由單一方向的波所構成。因此，使用照相機拍攝穿過水及玻璃的風景等畫面時，為了抑制反射，也會採用這種偏光板製成的偏光濾鏡。

除了玻璃及水面之外，液晶畫面也會發出單一方向的光。因此，邊透過偏光板觀看畫面邊旋轉偏光板，就能使畫面變亮或變暗。

直接用眼睛看　　　戴上偏光太陽眼鏡

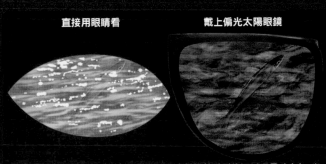

肉眼看到的河川場景（左）和透過偏光太陽眼鏡看到的河川場景（右）。光的反射受到抑制，使得水中的景象更加清晰可見。

波會互相共振和干涉

物體的週期及頻率與其大小對應,有容易搖擺的特性,稱為「固有週期」或「固有頻率」。具固有週期和頻率的物體,在傳送波的時候,如果波的週期恰好與其固有週期相同,物體便會開始振動或加大振幅。這樣的現象稱為「共振」(resonance)或「共鳴」。

例如敲響音叉 A,再把它靠近另一支相同頻率(具有相同固有頻率)的音叉 B,原本沒有在鳴響的音叉 B 會因此發生共振而開始振動,發出鳴響。

電波也會發生共振。因此,用於接收電波的天線,為了容易與電波共振,製造時必須設法使它的長度配合想要接收的電波波長。

單擺與固有週期

如下圖所示,在一條橫向的繩子上,懸吊許多個不同長度的單擺,若擺動其中一個單擺,只有具相同長度(相同固有週期)的單擺會開始擺動。這是因為擺動的單擺將振動化為波,在繩子上傳送,引發其他單擺發生共振而跟著擺動。

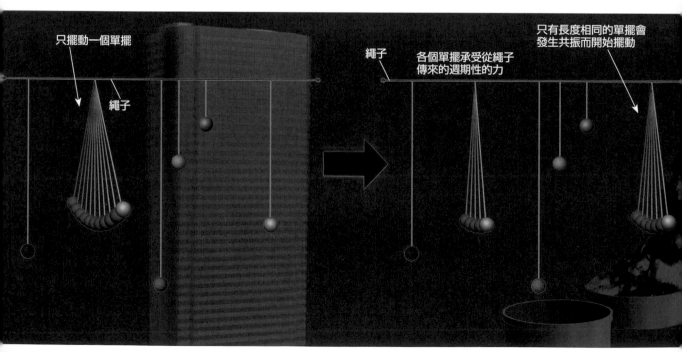

只擺動一個單擺

繩子

繩子

各個單擺承受從繩子傳來的週期性的力

只有長度相同的單擺會發生共振而開始擺動

波會互相影響、干涉

兩個以上的波如果疊合在一起,有時會互相加強或減弱,這稱為波的「干涉」(interference)。例如,當海浪因為地點或時機而疊合時,會因為干涉而成為巨大的浪濤,洶湧地拍打海岸。而若邊走動邊聽兩個揚聲器同時發出的聲音,會發現在某些地方聽到的聲音變大了,在某些地方聽到的聲音卻變小了。這也是因為聲波互相干涉而發生的現象。

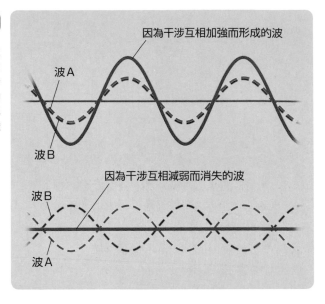

因為干涉互相加強而形成的波

波A

波B

因為干涉互相減弱而消失的波

波B

波A

肥皂泡泡發生光的干涉

光是電磁波的一種,也會發生干涉。生活中的例子之一,就是七彩繽紛的肥皂泡。照射在肥皂泡上的光,會在泡膜的表面和底面分別反射,但是兩者所反射的光,通過的路徑並不一樣,會變成不同的波而互相干涉,此時波長會依膜的厚度與觀看的角度而有所不同,因此呈現出七彩繽紛的顏色。

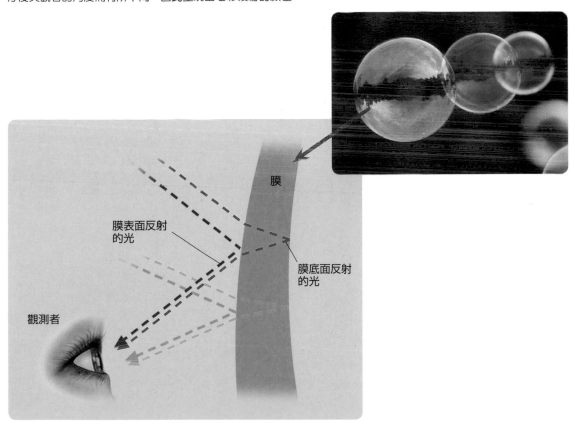

膜

膜表面反射
的光

膜底面反射
的光

觀測者

創造出樂器音色及雷射光的「駐波」

提琴之類的弦樂器使弦振動，便能發出優美的聲音。但是，光是靠纖細的弦，並不足以使空氣充分地振動。因此，先把弦的振動傳到樂器本體後，再利用樂器本體的振動來引發空氣振動，進而產生聲波。

兩端固定的弦上，並不是任何波都能產生。在弦上振動產生的波，不會行進，只會在原處反覆振動，稱為「駐波」（standing wave）（右頁圖）。駐波的兩端稱為節點（不振動的點），在兩個節點之間振動的波稱為一個波節，此數量必定是整數個。波節數量最少時所發出的音稱為「基音」，隨著波節數量逐漸增加，所發出的音依序稱為「2倍音」、「3倍音」等等。

弦樂器所發出的聲音便是由基音和倍音組合而成的。各種樂器的獨特音色取決於基音和倍音的組合比例。以手指壓弦改變弦振動部分的長度，則駐波的頻率也會改變，使聲音的高低跟著產生變化。另外，笛子等管樂器是利用管內的空氣（聲波）製造駐波，藉此產生基音和倍音。

從這些樂器發出的聲波，和現代社會不可或缺的「雷射光」，兩者間有著共通之處。雷射光是由許多個波長、行進方向、波峰及波谷位置都一致的光聚合而成。

雷射光是使光在兩片相向的鏡子之間不斷地往返而產生的（右頁下圖）。就像弦樂器的弦一樣，光在兩面鏡子之間製造出駐波。其中一面鏡子能讓部分的光通過，而這個穿透出來的光就成為雷射光。利用這樣的機制，把波長相當於聲波倍音的光，以雷射光的形式發射出來。

小提琴的機制

像小提琴這樣的弦樂器，是把弦的振動傳到琴身，再藉由琴身的振動使空氣振動，因而發出聲波。弦的振動並非任意而為，而是會成為「駐波」（右頁圖）。

小提琴的弦振動相當複雜。如果把某個瞬間的波形拍攝下來，會發現它是波峰頂端十分尖銳的形狀（三角波）。這個三角波往左右高速移動，呈現出如右頁上半部分圖示的駐波形狀。

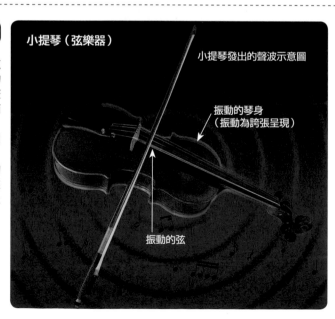

小提琴（弦樂器）

小提琴發出的聲波示意圖

振動的琴身
（振動為誇張呈現）

振動的弦

弦樂器與管樂器的駐波

撥動弦所產生的波（行進的波）會在兩端之間反覆地來回，因此朝右行進的波，便與朝左行進的波疊合，製造出不會動的「駐波」。在兩端固定的弦上，只有特定的駐波能夠存在。弦所產生的駐波依照波節（或波腹）的數量來分類，波節數量最少的駐波會產生「基音」，波節數量較多的駐波則產生不同的「倍音」。實際上弦所產生的駐波，以及因此而發出的聲音，就是這些音波的混合結果。

　管樂器則是利用管內的空氣（聲波）製造駐波。駐波的形狀依管子兩端皆開啟或其中一端關閉而有所不同。駐波和弦的情況一樣，由在兩端之間一再地反射的多個波（行進的波）疊合而產生。在管子開啟的一端，部分的波會反射回去，其餘的波則向外部釋放出來。這個向外放出的聲波就是我們聽到的聲音。

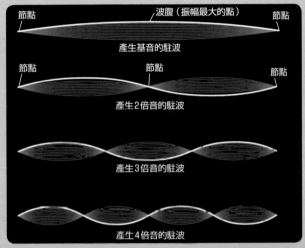

節點　　　　　波腹（振幅最大的點）　　　　節點
產生基音的駐波

節點　　　　　節點　　　　　節點
產生2倍音的駐波

產生3倍音的駐波

產生4倍音的駐波

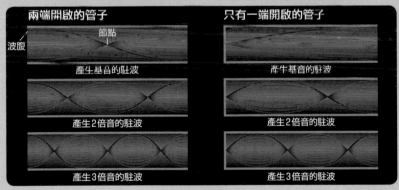

兩端開啟的管子　　　　　　　只有一端開啟的管子

波腹　　節點
產生基音的駐波　　　　　　　產生基音的駐波

產生2倍音的駐波　　　　　　　產生2倍音的駐波

產生3倍音的駐波　　　　　　　產生3倍音的駐波

雷射光由駐波產生

雷射光是藉兩片反射鏡之間產生光之駐波而製造出來的。光波在鏡子之間來回反覆行進，最後疊合在一起而產生駐波。單邊的鏡子能讓部分的光通過，這個穿透出來的光就成為雷射光。藉由這個機制，使雷射光成為波長一致的光。

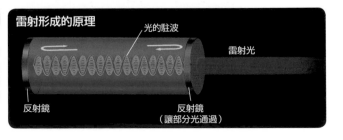

雷射形成的原理

光的駐波

雷射光

反射鏡

反射鏡
（讓部分光通過）

波也具有能量

醫學領域上，為了除去體內形成的「結石」，會在體外照射聲波以便破壞結石。為什麼使用聲波能做到這樣的事情呢？因為波動同時會運送能量。聲波是以應變或壓力變動的形式來傳送波動，而物體在傳送聲波時會發生壓力的變動。強度越大的聲波，壓力的變動越大。

想要破壞結石，必須製造出「震波」（聲波

的一種）。震波是「疏」和「密」差異非常大的波。把這個震波集中於一點，能能使位於焦點的結石劇烈振動而崩解。

事實上，我們說話的聲音碰到物體時，也會使該物體振動。不過周遭的聲音只會使物體極其輕微地振動，肉眼也不容易察覺。換句話說，人的耳朵具有極為靈敏的聽覺，能夠聽到只具有些微能量的聲音。

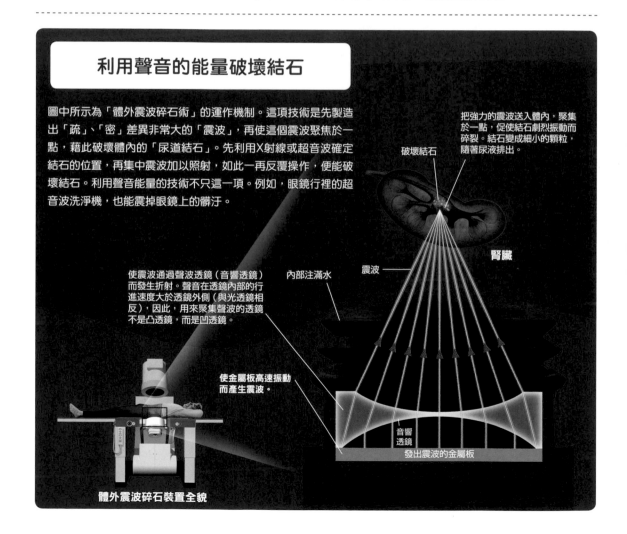

利用聲音的能量破壞結石

圖中所示為「體外震波碎石術」的運作機制。這項技術是先製造出「疏」、「密」差異非常大的「震波」，再使這個震波聚焦於一點，藉此破壞體內的「尿道結石」。先利用X射線或超音波確定結石的位置，再集中震波加以照射，如此一再反覆操作，便能破壞結石。利用聲音能量的技術不只這一項。例如，眼鏡行裡的超音波洗淨機，也能震掉眼鏡上的髒汙。

把強力的震波送入體內，聚集於一點，促使結石劇烈振動而碎裂。結石變成細小的顆粒，隨著尿液排出。

破壞結石

腎臟

震波

使震波通過聲波透鏡（音響透鏡）而發生折射。聲音在透鏡內部的行進速度大於透鏡外側（與光透鏡相反），因此，用來聚集聲波的透鏡不是凸透鏡，而是凹透鏡。

內部注滿水

使金屬板高速振動而產生震波。

音響透鏡

發出震波的金屬板

體外震波碎石裝置全貌

電磁波也具有能量。例如，使用放大鏡把光折射集中於一點，能夠把黑色的紙點燃，而微波爐則是利用電磁波之中的微波來照射物體，可以使其內部的水分子產生振動，藉此將之加熱。

接下來介紹光的吸收。如前言所述，物體的各種顏色一般會造成不同色光的吸收或反射。例如，植物的綠葉是僅反射白光中的綠光，並吸收綠光以外的色光，所以才會呈現綠色，植物因為不吸收綠光，故呈現綠色。綠葉把吸收進來的光能量，運用在「光合作用」上，這是種將二氧化碳和水合成碳水化合物，並放出氧的反應。一般來說，經物質吸收進來的光能量，會用於提高物體的溫度。

那麼，半透明的物體是為什麼會呈現半透明的呢？例如，紅色半透明的墊板，是吸收白光中除了紅光以外的光，只讓紅光透過，因此看起來呈現紅色（下圖）。

電磁波能量的廣泛應用

電磁波也具有能量。例如，使用放大鏡令光產生折射，聚集於黑紙上的某個點，使其溫度上升而燃燒起來。微波爐則利用電磁波中的微波，使物體內的水分子劇烈振動，藉此將之加熱。

光的吸收、反射與透射

光照射在物體上時，會反射、吸收或穿透。物質各有其容易反射或被吸收的波長，各不相同。一般來說，吸收的光能量常用於提高物體的溫度，但植物則用於光合作用的進行。

物體是不是會呈顯透明，取決於物質與電磁波頻率的「相配性」，在此就不詳述。

綠葉會吸收綠光以外的色光，只反射綠光

白光（含各種顏色的光）

反射綠光

吸收綠光以外的色光

綠光被反射，沒有運用於光合作用

紅色的透射光 　白光

紅色的半透明墊板

紅光以外的色光被吸收

白光　紅光以外的色光被吸收

紅色的透射光

紅色半透明物體只讓紅光穿透

穩定的天氣卻突然湧現巨大的海浪

在海上有可能遭遇難以想像的巨大海浪。2000年11月4日，NOAA（美國國家海洋暨大氣總署）的觀測船遭到巨浪的襲擊。船員對事故的狀況做了以下的報告。

「中午前，曾經好幾次看到海平面上出現巨大的海浪，本來以為只是鯨魚戲水。風力微弱，海面也沒有什麼特別異常的情況，是一個天氣良好的日子。但是，突然撲來了很長的湧浪，高度約5公尺，縱深約18至30公尺左右。這個長浪在中午

瞭望員剛要交班的時候湧現，襲擊船身，（中略）我們位於距離海面15公尺高的艦橋上。海浪在頭頂上激起白色的浪花。」[根據Kharif & Pelinovsky（2003）]

海上航行途中，明明沒有暴風雨卻突然湧現巨大的海浪，這樣的事件自古以來就在水手間廣為流傳，也讓他們驚恐萬分。這種海浪稱為「怪浪」（freak wave）或「突發巨波」（rogue wave）、「異常巨浪」等等，也就是俗稱的「瘋狗浪」。

突遭巨浪來襲而抬升的大型船艦
巨浪迎面撲向全長超過250公尺的大型船艦示意圖，高速前進的船艦突遭巨浪來襲而抬升，海浪另一邊有深邃的「波谷」在等著。一瞬間船艦起伏的高低落差超過20公尺。

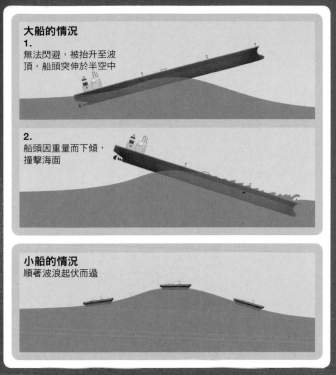

大船的情況

1.
無法閃避，被抬升至波頂，船頭突伸於半空中

2.
船頭因重量而下傾，撞擊海面

小船的情況
順著波浪起伏而過

船隻遇到巨浪會發生什麼情況？

航行中的大型船艦，即使剎停或改變航線，也要花上數十秒的時間並持續行進數百公尺的距離。因此，很難避開突然襲來的巨浪。大船會抬升至波頂，船頭突伸於半空中，然後整艘船像翹翹板一樣地傾斜，甚至船頭會重重地撞擊海面。有些船艦會因此而沉沒。

觀測高達7～8層樓的巨大海浪

突然襲來的巨大海浪，長久以來一直被認為是流傳於水手之間的迷信。但是在1995年1月，設置於北海油田的高精度波高計卻偵測到異常的海浪。原本海浪的高度在11公尺左右，突然間增加至25.6公尺高，相當於7～8層樓，幾乎比先前高出2倍多，事先都沒有任何徵兆，雖只偵測到一個，但由於有這項觀測紀錄，可確定這種突如其來的巨浪實際上是存在的。

為什麼會產生這種異常的巨浪呢？海浪是因風吹拂海面所造成。我們所見海面上複雜萬分的模樣，其實是由各種大小不規則的波浪疊合組成的結果。就以水池等開闊水面上產生波浪的場景來說，平靜的水面中央一旦興起漣漪，水波便會以等間隔同心圓的形式傳播開來。如果水波打到岸壁而彈回來，水波之間便會開始交相疊合，儘管一開始只是單純的水波，但在持續興起波濤的過程中，水面的搖晃模樣逐漸地複雜起來。此時疊合在一起的水波並沒有互相抵消，而是保持原狀交錯而過。海上的波浪也是一樣，由一個個單純的波浪相互疊合，交錯通過，形成我們所見的情景。

很難想像偶然間的疊合卻釀成巨浪

那巨浪會不會是從四面八方湧來的波浪，剛因波峰恰好全部匯聚於一處，最後形成龐然巨浪呢？在大海上散亂行進的波浪，偶然之間全部匯聚在一個地方，因此形成巨大的海浪，這樣的機率實在太低了。

有個極具說服力的說法如下所述。當許多波朝著相同的方向行進時，如果這些波的波長恰好接近到某個程度，就會變得不穩定。在這樣的狀況下，疊合的波會互相移轉能量，從而可能演變成龐然巨浪。波具有波長越長則行進速度越快的性質，而且，隨著離發生地越來越遠，波長和方向似乎會越趨於一致。

115

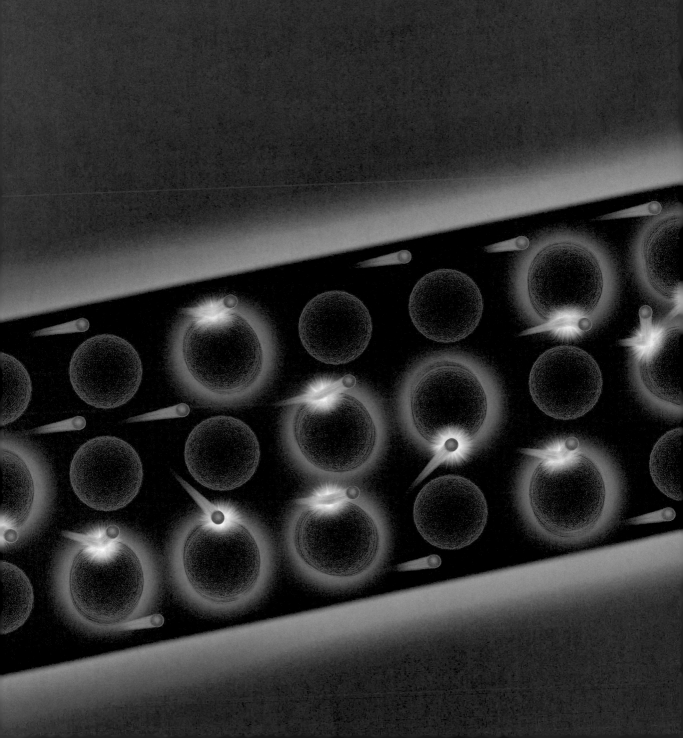

4

電與磁

Electricity and Magnetism

電和磁，都能隔空對遠處施予力的作用

把 墊板放在頭髮上摩擦幾下，便可以把頭髮吸上來，相信許多人都玩過這個遊戲。此時墊板上聚集著許多負電，頭髮上則聚集著許多正電。頭髮能夠豎起來，正是因為正電和負電互相吸引的緣故。

導致這種靜電現象的根源，便是「電荷」（electric charge）。以墊板的例子來說，就是正電荷和負電荷互相吸引。而正電荷和正電荷之間，以及負電荷和負電荷之間，則會互相排斥。電荷所產生的力稱為「靜電力」，靜電力的大小與「電量」（電荷的大小）成正比。

談到吸引力或排斥力，很多人馬上會聯想到磁鐵。磁鐵有「N極」和「S極」這2種磁

隔著一段距離也能發揮作用的電力與磁力

相片所示為帶電的墊板與頭髮藉由靜電力互相吸引的情景。靜電力和磁力即使相隔一段距離也能發揮作用，可視為是電荷和磁極在其周圍產生電場和磁場的緣故。

極。N極和S極會互相吸引，而N極和N極之間，以及S極和S極之間，則會互相排斥。這種由磁極所產生的力稱為「磁力」，磁力的大小與磁極所具有的「磁量」（磁荷的大小）成正比。

不管是靜電力還是磁力，電荷之間或磁極間，距離越遠則互相作用的力就越急速減弱。它們兩者的大小都是與距離的 2 次方成反比。

電荷和磁極（磁鐵）為什麼能隔空發揮力的作用呢？現代物理學認為，電荷和磁極會使空間的性質發生變化，結果就如同對其周圍的電荷及磁極發揮了力的作用。這種空間的性質稱為「場」。在電荷周圍稱為「電場」，在磁極周圍稱為「磁場」。電場和磁場越強，則對電荷及磁極發揮的作用力就越大。

此外，電場和磁場都具有「方向」。在電場裡放置正電荷（N極）時，對這個正電荷的作用力方向，即定為這個電場的方向。

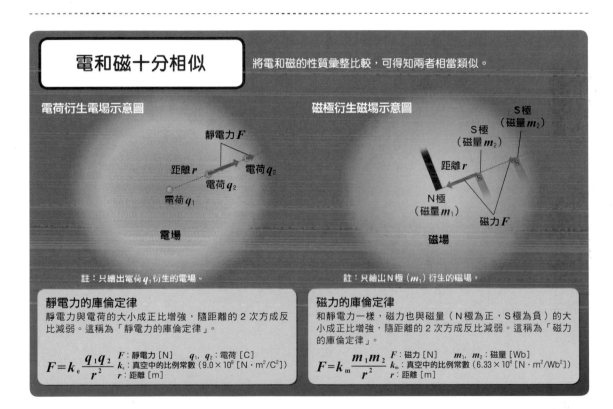

電和磁十分相似

將電和磁的性質彙整比較，可得知兩者相當類似。

電荷衍生電場示意圖

靜電力 F

距離 r

電荷 q_2

電荷 q_2

電荷 q_1

電場

註：只繪出電荷 q_1 衍生的電場。

磁極衍生磁場示意圖

S極（磁量 m_2）

S極（磁量 m_2）

距離 r

N極（磁量 m_1）

磁力 F

磁場

註：只繪出N極（m_1）衍生的磁場。

靜電力的庫倫定律
靜電力與電荷的大小成正比增強，隨距離的 2 次方成反比減弱。這稱為「靜電力的庫倫定律」。

$$F = k_e \frac{q_1 q_2}{r^2}$$

F：靜電力 [N]　　q_1, q_2：電荷 [C]
k_e：真空中的比例常數（9.0×10^9 [N·m²/C²]）
r：距離 [m]

磁力的庫倫定律
和靜電力一樣，磁力也與磁量（N極為正，S極為負）的大小成正比增強，隨距離的 2 次方成反比減弱。這稱為「磁力的庫倫定律」。

$$F = k_m \frac{m_1 m_2}{r^2}$$

F：磁力 [N]　　m_1, m_2：磁量 [Wb]
k_m：真空中的比例常數（6.33×10^4 [N·m²/Wb²]）
r：距離 [m]

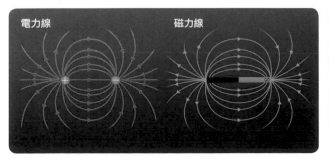

電力線

磁力線

讓看不見的電場與磁場現身

電場的方向與強度，可用「電力線」這種帶有箭矢的弧線來表示。箭矢的指向設定從正電荷出發到達負電荷，以此表示電場的方向，而在電力線越密集的地方，表示電場越強。磁場也可利用與電場相同的弧線來表示，稱為「磁力線」，磁力線的箭矢指向（磁場的方向）設定為從N極出發到達S極。

「電流」從高「電位」處流向低處

除了受到潮汐影響的河口附近，一般河川的水流總是維持著一定的方向，今天流向海洋的河川，不可能明天變成往山上流，水必定是朝標高較低處流動。

那電的情形又是如何呢？在某個意義上，電的流動（電流）和水的流動十分相似，也是從高處流向低處。

不過，水流的高低是指標高，而電流則是指「電位」的高低。電具有從高電位處流向低電位的性質，所以電流的方向就取決於電位的高低。

電位的差異稱為「電位差」或「電壓」。

水往標高低的地方流

圖中所示為水從高處流向低處的情景。產生水位差的原動力來自幫浦，如果幫浦停止運轉，水會全部流到下方，不再有水流。

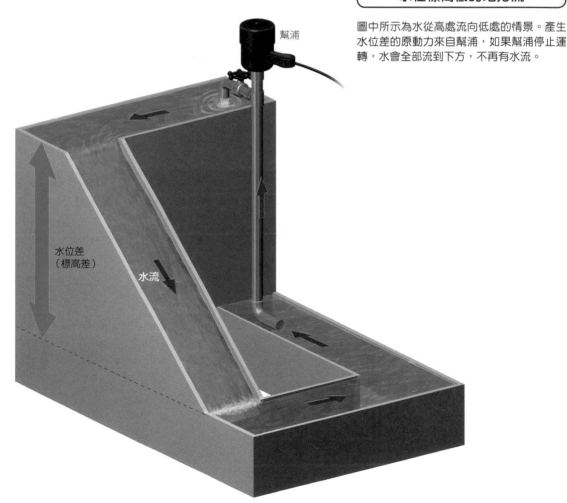

幫浦

水位差
（標高差）

水流

電壓（電位差）表示驅使電流流動的作用強度。電壓越高，驅使電流流動的作用就越強。

電壓可以藉由電池及發電機等機器而產生。例如，電池有正極和負極這兩個電極，正極的電位比較高。因此若用一條電線把兩個電極串連在一起，則電流會從正極經由電線流到負極。

此外，就像可以利用水的流動來轉動水車，我們也可以利用電流來點亮電燈（電力的運用）。

在回路中流動的電流量，依據電壓的強度、回路使用的金屬導線粗細及種類等因素而定。如果在同種金屬製成的回路施加相同的電壓，金屬越粗的回路則電流越容易流通。這和水管越粗則水流量越大，是一樣的道理。

電會流向電位低的地方

本圖中以電池產生電壓。把電池接到回路上之後，電流便會在回路中流動，從電位高的地方流向低處。和水的情形一樣，把電池拿掉或電池的電力耗盡，電流就會停止。順帶一提，本圖中的電位高低是以垂直方向的高度差來表現，但實際上電壓值與垂直方向的高度無關。

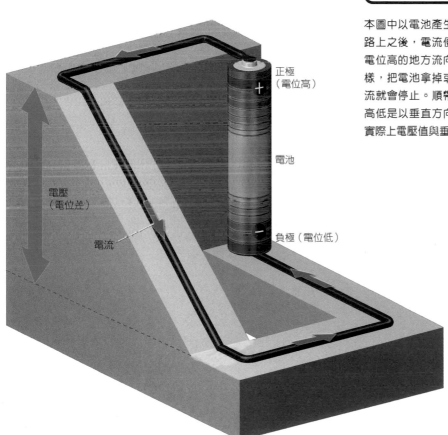

正極（電位高）

電池

負極（電位低）

電壓（電位差）

電流

電流就是「電子的流動」

現代社會中，電已成為日常生活不可或缺的東西了。這裡所說的電，指的就是電流，那所謂的電流究竟是什麼呢？

電流的本質簡單來說就是「電子的流動」。「電子」是一種帶負電的粒子，金屬等易於導電的物質（導體）裡，就擁有許多能夠自由活動的電子，稱為「自由電子」。當導線連接電池，自由電子就會一起從電池負極朝正極移動，於是形成電流。

不過有件事稍微容易混淆，當我們在談「電流的方向」時，其實和電子移動的方向是相反的。這是因為早期還不了解電流的本質，所以把電流的方向訂定為「正電荷移動的方向」。

智慧型手機用久了會發熱。原因之一就是當電流在電子回路中流動時，因為構成回路的零件組和導線等材質具有「電阻」，便會產生熱。電阻是指電流流動的難易度。在導線中移動的電子，由於和導線內的原子發生碰撞，導致行動受阻。在此同時，原子因為碰撞而開始振動（或振動加劇），因此產生熱。也就是說，電子因行動受阻而減少的動能，轉換成原子振動所產生的熱能。這種現象稱為「焦耳加熱」（Joule heating）。

電阻的大小依物質而有所不同。電子越容易撞擊原子（電阻大），就會產生越多的熱。此外，導線（金屬）的溫度越高，則原子的振動越劇烈，越容易與電子發生碰撞（電阻增大）。

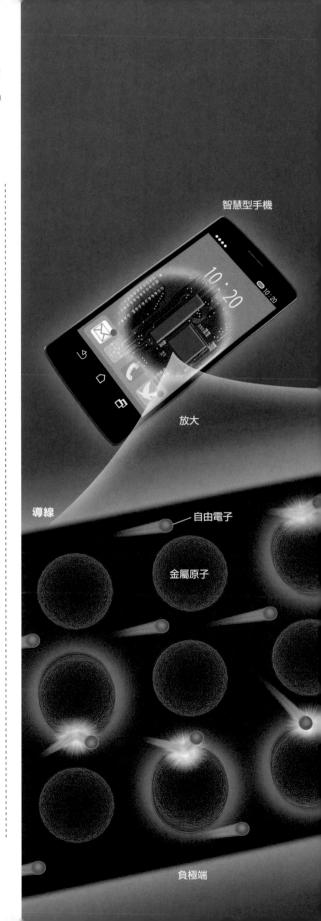

智慧型手機

放大

導線

自由電子

金屬原子

負極端

電子的移動受到阻礙而發熱

電流在智慧型手機的電子回路導線流動之示意圖。電流的本質就是電子的流動。電子在導線中流動時，會遭到導線材質之金屬原子的阻礙，因此電子的部分動能會轉換成金屬原子的振動，也就是熱。順帶一提，導線內電子的流動速率平均每秒還不到 1 毫米。

歐姆定律

電燈泡只連接一個電池時，燈光比較暗。如果連接 2 個直排的電池，由於流通的電流比較多，燈光就會比較亮。已知流通的電流 I（以 A 為單位，即安培）與電壓 V（以 V 為單位，即伏特）成正比，與電阻 R（以 Ω 為單位，即歐姆）成反比。這個關係稱為「歐姆定律」，可列成以下的式子來表示。

$$I = \frac{V}{R} \quad 或 \quad V = RI$$

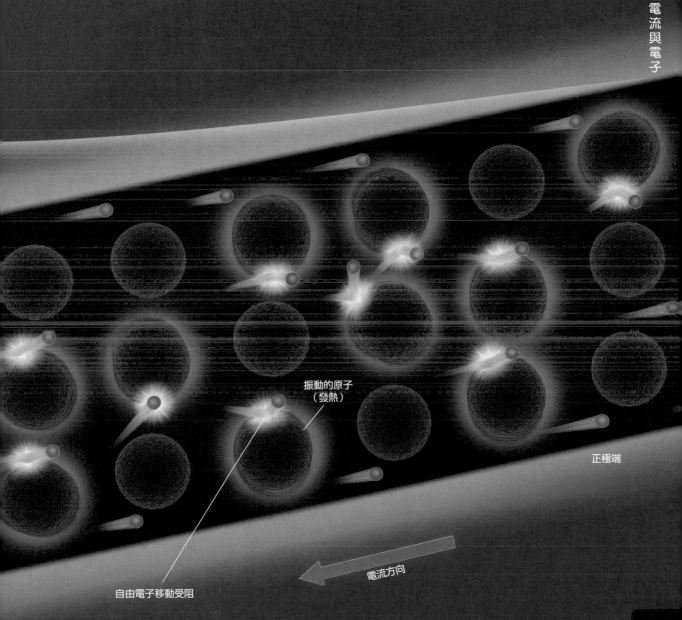

振動的原子
（發熱）

正極端

自由電子移動受阻

電流方向

磁鐵的吸力源自電子所具有的磁力

若 把磁鐵打碎，即使細碎到原子的層次，它還是保持著N極和S極，並且仍具有磁力，這就是所謂的「原子磁鐵」。進一步詳細觀察即可發現，就連1個電子也具有N極和S極。這個「電子磁鐵」就是一切磁力的根源。由於電子無法再繼續分割得更細小，因此不管什麼樣的磁鐵，都必定具有N極和S極。

只有N極或S極（即所謂磁單極）的磁鐵並不存在。

電子存在於所有物質之中。但在常溫下，只有鐵、鈷、鎳這3種金屬元素具有磁鐵的性質，稱為強磁性元素。為什麼有些物質能成為磁鐵，有些物質則不能呢？這和「電子磁鐵的方向」有關。除了剛才所說的3種元素之外，

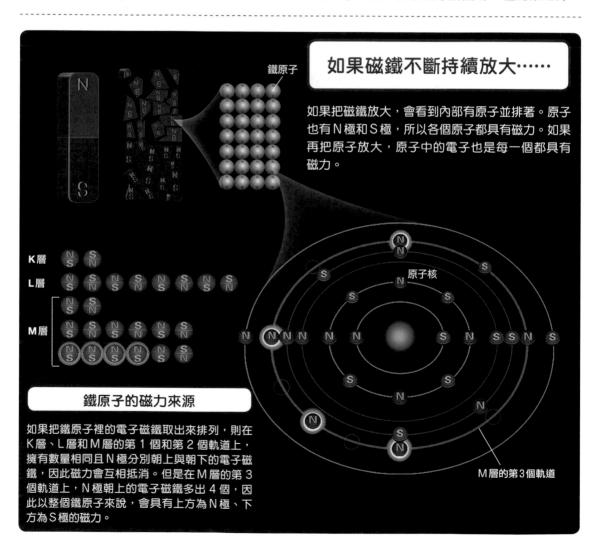

鐵原子

如果磁鐵不斷持續放大……

如果把磁鐵放大，會看到內部有原子並排著。原子也有N極和S極，所以各個原子都具有磁力。如果再把原子放大，原子中的電子也是每一個都具有磁力。

K層
L層
M層

原子核

M層的第3個軌道

鐵原子的磁力來源

如果把鐵原子裡的電子磁鐵取出來排列，則在K層、L層和M層的第1個和第2個軌道上，擁有數量相同且N極分別朝上與朝下的電子磁鐵，因此磁力會互相抵消。但是在M層的第3個軌道上，N極朝上的電子磁鐵多出4個，因此以整個鐵原子來說，會具有上方為N極、下方為S極的磁力。

其他元素的原子裡，多個電子磁鐵會互相抵消磁力，導致無法對外發揮磁力的作用，所以不具有強磁性。

冰箱上安裝的磁鐵條，以及釹磁鐵之類的「磁鐵」，能夠半永久性地保持磁力不會消失，所以稱為「永久磁鐵」，其絕大多數的主要成分是鐵。

鐵釘吸附在磁鐵上，則其尖端便能夠吸起迴紋針，這表示它能暫時性發揮磁鐵般的作用。可是一旦移開磁鐵，這根鐵釘便再也無法吸起迴紋針了。這是因為當鐵釘吸附在磁鐵上時，鐵釘受到磁鐵磁力的影響，其內部的原子磁鐵會整齊朝著同一個方向排列，但是離開磁鐵後，原子磁鐵會再度重新整隊，不再朝同一方向排列，導致整根鐵釘失去磁力。

那永久磁鐵為什麼能半永久性地保持磁力呢？因為刻意把其他種類的原子摻入它的內部，迫使其中原子受到「壓制」，導致原子磁鐵無法重新排列，方向不會改變，N極和S極的方向才能始終保持在一致的狀態。

鐵釘為什麼無法成為永久磁鐵？

鐵釘裡面有磁區，各個磁區之間的N極和S極相鄰排列。當鐵釘靠在磁鐵上時，原子磁鐵的方向會呈一致狀態，表現出類似磁鐵的性質。但移開磁鐵之後，重新形成磁區，整體失去磁力。

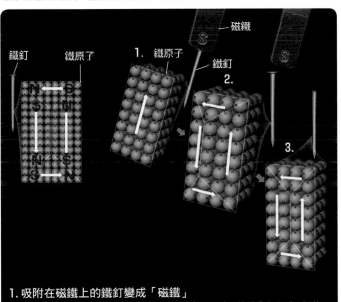

1. 吸附在磁鐵上的鐵釘變成「磁鐵」
   鐵釘靠在磁鐵上，原子磁鐵會重新排列成方向一致，使得靠在磁鐵S極的一端為N極，離磁鐵較遠的一端為S極。

2. 若鐵釘移離磁鐵的話……
   原子磁鐵的方向漸漸改變，開始形成磁區。

3. 移開磁鐵一段時間之後……
   磁區的形狀進一步改變，成N極和S極相鄰排列。磁區形成後就會失去磁力。

永久磁鐵的機制

在永久磁鐵裡面摻進別種原子，抑制原子磁鐵改變排列的方向。例如鐵氧體磁鐵，便是摻進碳和氧等元素。

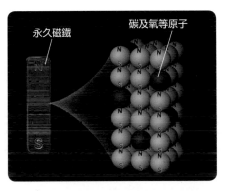

專欄 COLUMN 電子的磁力

電子除了帶著負電荷外，也具有類似自轉的「自旋」（spin）性質。就如同在線圈中通入電流會變成「電磁鐵」一樣，帶著電荷並且具有自旋性質的電子，也會產生繞圈旋轉的電流，像電磁鐵一樣具有磁力。

電流一流動，就會形成磁場

我們平常用在黑板或冰箱上的普通磁鐵，稱為「永久磁鐵」。但是在資源回收場等處，則使用另一種「電磁鐵」。

電磁鐵是導線捲成線圈狀，纏繞在鐵芯上的裝置。只要導線通入電流，就能產生磁力（成為磁鐵），這種磁鐵具有下述諸多優點，如可較簡單地產生強大磁力，且一停止通電就能立即消除磁力，以及通入逆向電流便能反轉磁極等等。電磁鐵究竟是利用什麼機制產生磁力的呢？

事實上，電流和磁（磁場）具有密不可分的關係。將導線通入電流，就會產生一個彷彿把這條導線圍繞起來的磁場（1）。電磁鐵便是充分利用這個磁場。

把導線捲成環狀再通入電流後，會因電流而產生磁場，成為 2 所示的形狀。再進一步把導線纏繞在鐵芯上捲成線圈狀，圈繞的匝數越多，產生的磁場越強（3），就是所謂的電磁鐵。

電磁鐵產生的磁場強度，與電流強度及導線匝數成正比。如果停止電流流通，磁場便會消失，從而失去磁鐵的作用。此外，雖然沒有鐵芯也能產生磁場，但加上鐵芯能成為暫時性的磁鐵，增強磁力。

電流所產生的電磁鐵

電磁鐵是把導線纏繞在鐵芯上，捲成線圈狀而成的裝置。電流通入導線後，就能利用電流所產生的磁場，發揮出磁鐵的功用，圖 1、2、3 所示便為其機制。

在電流的周圍產生環狀磁場

筆直的導線通上電流，會產生彷彿環繞著導線的磁場。距離導線越遠的地方，磁場的強度就越弱，如果與導線的距離增加為 2 倍，磁場的強度便會減弱為 2 分之 1。此外，磁場的方向如下所述。假設電流的方向與右旋螺絲釘（一般螺絲釘）尖端的指向一致，則磁場的方向就是為了使螺絲釘前進而扭轉的方向。

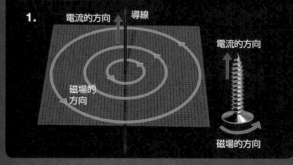

1.
電流的方向　導線
電流的方向
磁場的方向
磁場的方向

在環狀電流的周圍產生的磁場

把導線捲成環狀再通入電流，會產生形狀如下的磁場。

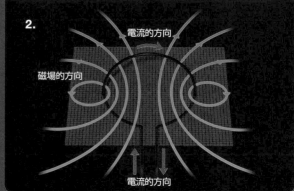

2.
電流的方向
磁場的方向
電流的方向

電磁鐵的磁場

導線捲繞在鐵芯上，增加繞捲匝數就可製造如圖的磁場，這就是電磁鐵的原理。可以說是把多個磁場組合在一起的狀態，這些磁場是由左頁下方的環狀電流產生的。

3.

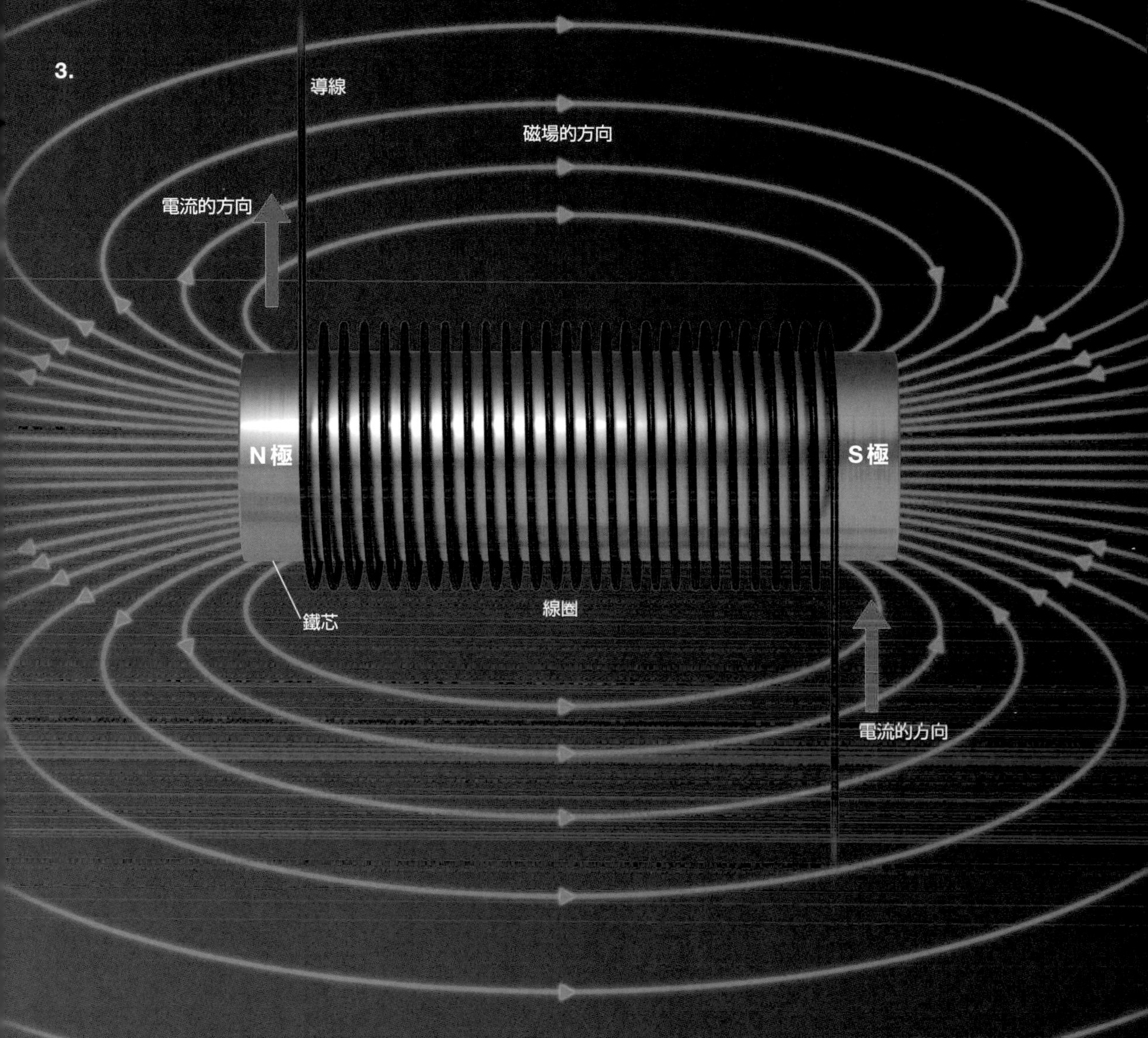

導線

磁場的方向

電流的方向

N極

S極

鐵芯

線圈

電流的方向

線圈與磁場的方向

只要依照以下方法即可得知通過線圈中心的磁場方向。右手握拳豎起大拇指，其他手指順著線圈上電流的流向，則拇指的方向，即為磁場的方向。

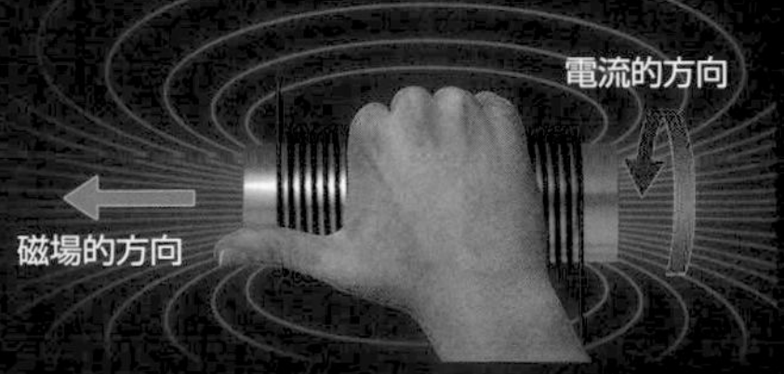

電流的方向

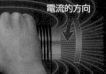

磁場的方向

利用線圈和磁鐵的「電磁感應」來發電

發電廠是如何發電的呢？產生電流的機制出乎意料地單純。只要把磁鐵靠近或遠離線圈，就能在線圈內引發電流的流動（右頁圖），這個現象稱為「電磁感應」。

磁鐵靠近或遠離線圈時，線圈內的電流流向在這兩個狀況下正好相反。此外，磁鐵移動的速率（更正確的說法是貫穿線圈內側的磁場每秒變化）越大，則流通的電流越大。而增加線圈的匝數也能增大電流。

發電廠就是運用這個原理來產生電流。在線圈旁裝設磁鐵，發電時利用某種方法移動磁鐵（也有相反的設計思維，即磁鐵固定不動而線圈移動）。例如，火力發電廠最先是燃燒煤炭、石油或天然氣，把水煮沸製造出高壓的蒸氣，再把高壓蒸氣送進「渦輪機」，推動扇葉旋轉，借此轉動位在渦輪機前端的磁鐵。

這個機制是把燃料所具有的「化學能」轉換成「熱能」，再把熱能轉變成蒸氣，然後轉換成磁鐵的「動能」，最後再轉換成「電能」。

磁場變化會產生電流

英國物理學家法拉第（Michael Faraday，1791～1867）在1831年發現，磁鐵靠近或遠離線圈，會使線圈內產生電流 （右頁圖），這個現象即稱為電磁感應。另外，線圈內的電流流向，就是阻礙貫穿線圈內側磁力線（磁場）發生變化的方向，這稱為「冷次定律」（Lenz's law）。

火力發電廠的機制

在火力發電廠內，首先燃燒石油等燃料產生熱，利用這個熱使水蒸發產生水蒸氣，再把水蒸氣送進渦輪機使其轉動，藉此帶動巨大的電磁鐵旋轉，使設置於電磁鐵周圍的線圈內產生電流（發電）。

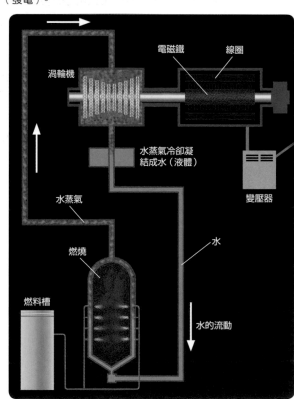

渦輪機

電磁鐵　線圈

水蒸氣冷卻凝結成水（液體）

變壓器

水蒸氣

燃燒

水

燃料槽

水的流動

磁鐵與線圈互相靠近

磁鐵和線圈逐漸靠近，貫穿線圈內側的磁力線（磁場）隨之增加，此時線圈便會產生電流。以微觀的視點來看，是導線內的電子因為磁力線變化而運動。

磁鐵靠近

線圈

磁力線

磁鐵與線圈相互遠離

磁鐵和線圈相互遠離，貫穿線圈內側的磁力線（磁場）減少，此時線圈便會產生電流，但其流向與磁鐵靠近時的電流流向相反。

磁鐵遠離

磁力線

電子　金屬原子

交流電

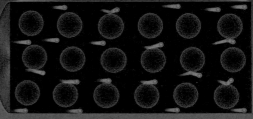

電流的方向

電流的方向

電
磁
波
的
傳
播

電磁波來自電場與磁場的振動

闡述電與磁理論的「電磁學」，其創始者是英國物理學家馬克士威（James Clerk Maxwell，1831～1879），他依前述「磁場變動會產生電場」、「電場變動會產生磁場」，獲得了與電磁波本質相關的重大發現。

如果電流的方向和大小時時刻刻都在變動，則電流周圍的磁場也會跟著變動。電流增減則周圍的磁場也會隨之增減；電流的方向相反則磁場也會相反。

既然磁場變動會產生新的電場，而且隨著磁場變動，新電場也會跟著變動，便會持續不斷地連鎖產生電場和磁場。

藉由「變動的電流」，馬克士威發現其周圍產生的電場和磁場，不但會連鎖性地交替出現，同時也有行進的現象，就是所謂的「電磁波」。馬克士威又進一步發現電磁波和光是相同的東西，從電磁學方程式導出的電磁波行進速度，與當時已知的光（可見光）速率幾乎一致。

如圖所示，「磁場環」與「電場環」的方向交錯90度，電磁波中的電場與磁場為垂直相交。圖下半所示為具有某個特定波長而在 Z 軸上行進的電磁波。

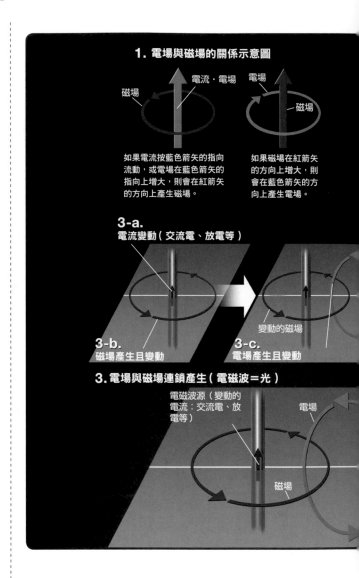

1. 電場與磁場的關係示意圖

磁場　　電流‧電場　電場

　　　　　　　　　磁場

如果電流按藍色箭矢的指向流動，或電場在藍色箭矢的指向上增大，則會在紅箭矢的方向上產生磁場。

如果磁場在紅箭矢的方向上增大，則會在藍色箭矢的方向上產生電場。

3-a.
電流變動（交流電、放電等）

變動的磁場

3-b.
磁場產生且變動

3-c.
電場產生且變動

3. 電場與磁場連鎖產生（電磁波＝光）

電磁波源（變動的電流：交流電、放電等）

電場

磁場

電場與磁場變動的連鎖性持續發生

電場與磁場彼此關係密切（1、2）。電流流通（使電場變動）則磁場會變動，進而促使電場產生新的變動，電場的新變動又促使磁場發生新的變動，就這樣連鎖性地交替變動（3），這就是電磁波的本質。圖中將只往一個特定方向行進的電磁波簡略化，事實上電磁波會往電流周圍的各個方向傳播。

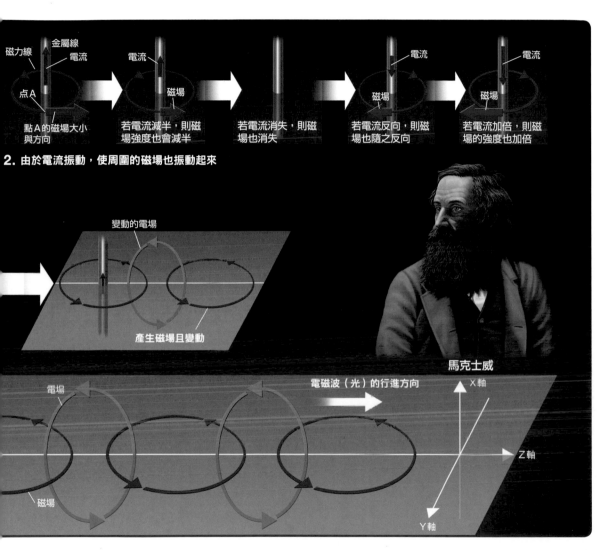

磁力線　金屬線
電流
点A
點A的磁場大小
與方向

電流
磁場
若電流減半，則磁場強度也會減半

若電流消失，則磁場也消失

電流
磁場
若電流反向，則磁場也隨之反向

電流
磁場
若電流加倍，則磁場的強度也加倍

2. 由於電流振動，使周圍的磁場也振動起來

變動的電場

產生磁場且變動

馬克士威

電磁波（光）的行進方向　X軸
電場
Z軸
磁場
Y軸

電磁波的表現方法舉例

電磁波以電場與磁場變動的形式傳播，圖示為用波形來表現電磁波的例子。電場與磁場兩者的變動方向相互錯開90度。

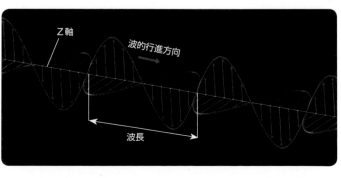

Z軸
波的行進方向
波長

利用發電機的旋轉運動產生週期性的「交流電」

電分為「交流電」和「直流電」兩種,例如乾電池所供給的為直流電,而從發電廠輸送到各家庭中的則是交流電。

這兩者的差異在於電流流向(施加電壓的方向)會不會隨著時間而變化。發電廠輸送出來的交流電,流向會週期性地變化。

因為交流電是利用「發電機」的旋轉運動而產生,其流向才會發生週期性的變化。在發電機裡面設有磁鐵和線圈,只要這些機件之中的任何一個旋轉,便會與旋轉運動連動而產生週期性的電流。這個週期在1秒鐘內反覆進行的次數稱為「頻率」,單位為赫茲(Hz)。

台灣使用60Hz為標準交流電,是依據美國的標準。像日本的東日本和西日本,流電頻率並不相同。如果把50赫茲(東日本)和60赫茲(西日本)的交流電通到同一條電線裡,則電流和電壓值將會嚴重地混亂。

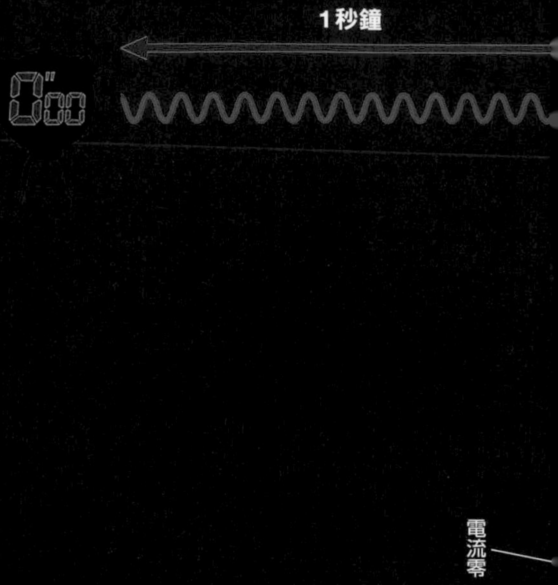

1秒鐘

電流零

電流的流向會發生週期性的變化

交流電是電流流向會隨著時間發生週期性變化的電流。右圖表示交流電的電流方向與電量。假設在某個回路中,往左流的電流為正,往右流的電流為負,依此畫出圖形,則交流電會成為圖示中正和負交互切換的形狀。

交流電的頻率

日本的電力網

本圖為日本的主要送電網。藍色為50赫茲的變電所，紅色為60赫茲的變電所，而紫色是位於東西交界處的頻率轉換所。部分地區是以直流電輸送電力。橘色為交直流轉換所，直流電的送電損失比交流電少。

波形混亂

如果把50赫茲和60赫茲的交流電直接輸入同一條電線，交流電的波形會發生下圖般的嚴重混亂。因此，東日本和西日本的電力無法直接融通。

像這樣的電流變化，在東日本是1秒鐘內反覆發生50次，西日本是60次。

發電機旋轉 1 次而產生
這個形狀在 1 秒內反覆發生的次數稱為「頻率」。

電流的方向和強度

電流在正的方向最大
（點燈）

電流零
（熄燈）

日光燈一直閃爍

隨著交流電的週期性變化，日光燈會反覆地點燈和熄燈。不過，最近的日光燈利用稱為「反向器」（inverter）的電子回路，把交流電的頻率提高後再使用。藉著提高頻率，縮短點燈和熄燈的時間間隔，達到肉眼無法察覺的程度。有些電器直接使用交流電，有些電器則是透過電回路把交流電轉換成直流電再使用。

發電廠產生的電在輸送到用戶的過程中不斷「變壓」

為了讓每個人都能夠使用家電，必須把發電廠產生的電力輸送到各處，稱為「配電」。不過在配電的時候，部分電力會轉變成熱而損失掉。

電力是電壓值與電流值相乘的積。因此在輸送同量的電力時，可以降低電壓以增大電流，或相反地，也可以升高電壓以減小電流。

另一方面，轉變成熱而損失的電力多寡，隨電流大小的 2 次方成正比增大（焦耳定律），假設配送用的電線都相同，電流增大為 2 倍就會損失增加為 4 倍，電流增大為 3 倍就會損失增加為 9 倍。也就是說，如果要減少送電時的損失，則要把電流的值盡量減小（把電壓升高），才會比較有利。

因此發電廠在輸送電時，要透過高大鐵塔所連接的高壓線，來輸送50萬伏特的高電壓。另一方面如果電壓太高，觸電的危險性也會提高，並不適合大眾居家使用的家電製品。因此，若能在配送電之際儘量以高電壓輸送，再於即將使用之前降低電壓，會是比較理想的做法。

若要實現這個理想做法，就必須施行「變壓」這項作業，依需求自在地改變電壓。而交流電就具有容易施行變壓的性質，因此發電廠在輸送電時，大多數是使用交流電。把高達50萬伏特的電壓分幾個階段降低，送達各個家庭時再降到只有110～220伏特。

以高電壓輸送電，於使用前降為低電壓

配電的時候，把電壓升得越高，越能減少轉變成熱時損失的電力。另一方面，用電時直接使用高電壓太過危險，所以要先降為低電壓。交流電比較容易進行變壓，所以現在的電力大多使用交流電來輸送。

電力大小（長方體的體積）相同

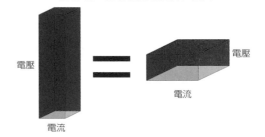

電壓

電流

＝

電壓

電流

變壓的機制

左邊線圈有10匝，右邊線圈有 2 匝。假設從左邊送來500伏特、1 安培的交流電，則鐵芯會產生磁場，藉由「電磁感應」使右邊線圈產生電流。在這個例子中，線圈的匝數比例為 5 分之 1，所以電壓會變成 5 分之 1，而電流則變成 5 倍。左邊和右邊的電力相同，但電壓和電流的值都產生了變化。

鐵芯

線圈匝數10

線圈匝數2

變壓後的電力仍然相同
100V × 5A ＝ 500W

原本的電力
500V × 1A ＝ 500W

電壓高低與電力損失的關係

電壓
（高）

電流（小）

電流（大）

電壓
（低）

焦耳定律

電流流動會產生熱。為紀念發現此現象的焦耳（James Prescott Joule，1818～1889），故將之命名為「焦耳熱」。焦耳把導線放在水中，再通入電流進行實驗，導出了「產生的熱量（Q）與電流（I）的 2 次方及電阻（R）成正比」的關係，稱為「焦耳定律」，可以下列式子來表示。

$$Q = I^2 Rt \qquad t\text{為電流流動的時間（單位為秒）}$$

以相同的電力來比較，如果升高電壓使電流減少，即可減少轉變為熱而損失的電力。

電線

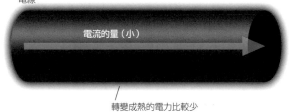

電流的量（小）

轉變成熱的電力比較少

如果降低電壓使電流增多，則轉變為熱而損失的電力會變多。

電線

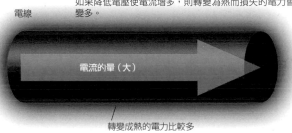

電流的量（大）

轉變成熱的電力比較多

分階段逐步降低電壓

為了儘量減少轉變成熱而損失的電力，送電之際會以最大50萬伏特的高電壓來輸送。途中經由若干個變電所逐步降低電壓，最後送達各個住家時，已經低至110～220伏特。附帶一提，發電時的電壓頂多 2 萬伏特，在發電廠內設置了升壓用的主變電機。

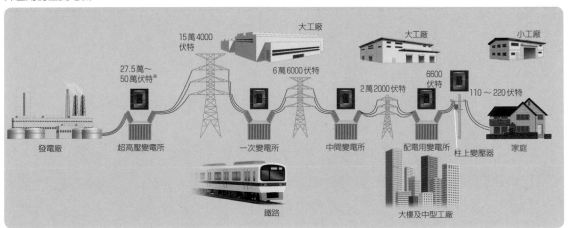

15萬4000
伏特

大工廠

大工廠

小工廠

27.5萬～
50萬伏特※

6萬6000伏特

2萬2000伏特

6600
伏特

110～220伏特

發電廠

超高壓變電所

一次變電所

中間變電所

配電用變電所

柱上變壓器

家庭

鐵路

大樓及中型工廠

電流與電壓相乘即為「電力」

瓦特（W）是用來表示每秒消耗多少能量的單位，該值可以用電流乘以電壓來求算，也稱為「電力」。例如，100瓦特燈泡所消耗的電力是20瓦特燈泡的5倍。由於消耗的電力比較大，所以瓦特值較大的燈泡比較亮。

台灣一般家庭的電壓值為110伏特（V）。例如，使用消耗電力為300瓦特的電冰箱時，由於電壓為110伏特，所以來自插座的電流值為2.7安培（A）。如果還要使用800瓦特的冷氣機，就必須再增加7.2安培的電流，所以電流值合計約9.9安培。像這樣，使用的電器越多，所需的電流量就越大。

通常在各住家的分支回路中，流動電流的最大值設定為20安培。如果超過這個值，各家裡的分電盤中所安裝的「安全斷電器」就會自動將回路切斷。以前斷電器內常使用保險絲，一旦過熱就會熔斷而使電流中斷；現在比較普遍使用的斷電器是無熔絲開關，電流過量就會跳開而中斷電

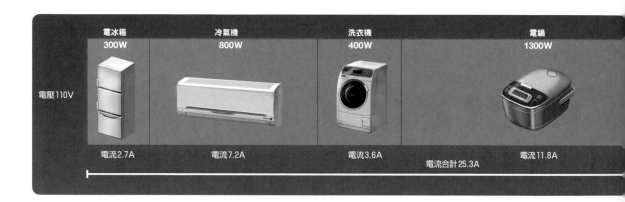

電壓110V	電冰箱 300W	冷氣機 800W	洗衣機 400W	電鍋 1300W
	電流2.7A	電流7.2A	電流3.6A	電流11.8A

電流合計25.3A

電力用量的計算方法

本圖為所消耗總電量（電力用量）的計算方法。該值等於各電器所需之電力數值和使用時間的乘積。台電計算電費的方式以1度電就是耗電量1000瓦特(W)，連續使用1小時所消耗的電量來計費，「1000瓦特・小時」＝「1000W・H」＝1KWH。附帶一提，瓦特小時（Wh）是電力用量的實用單位，但除此之外，電力用量的單位還有「瓦特秒」（Ws），亦即把瓦特值乘上以秒為單位的消耗時間。根據定義，1瓦特（W）電力每1秒鐘消耗的能量為1焦耳（J），所以瓦特秒與焦耳等價。

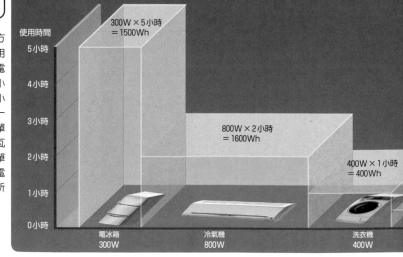

使用時間

5小時
4小時
3小時
2小時
1小時
0小時

300W×5小時
＝1500Wh

800W×2小時
＝1600Wh

400W×1小時
＝400Wh

| 電冰箱 300W | 冷氣機 800W | 洗衣機 400W |

流。此外，電力公司也和各住家的用戶分別簽訂契約，約定能夠同時使用的電力上限。如果流向家中的電流超過上限值，則安裝在電表箱內的「安培斷電器」裝置就會啟動，自動把回路切斷。

瓦特是指每秒使用的電量。把這個瓦特值乘上使用時間，即可得到「用電量」的值，單位為瓦特小時（Wh）。這個單位用來表示用電總量，各個家庭的電費基本上便是依據瓦特小時的數值來結算。

電壓、電流、電力的關係

本圖所示為以水流來譬喻電壓、電流和電力的關係。標高越大且水流量越大，水車就越容易轉動。同樣地，電壓和電流越大，則驅動電動機或加熱等做「功」的能力越大，不過消耗的能量（電力）也越多。

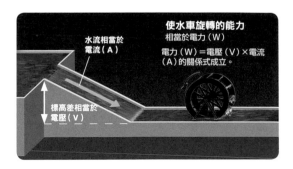

使水車旋轉的能力
相當於電力（W）

電力（W）＝電壓（V）×電流（A）的關係式成立。

水流相當於電流（A）

標高差相當於電壓（V）

電流的上限已經預先約定

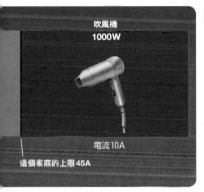

吹風機
1000W

電流10A

這個家庭的上限45A

台灣住家用的電壓，一般來說是110V（也有220V的情況）。假設在某個家庭中，擁有如左圖所示的家電用品，電力公司和各個用戶在簽訂供電契約時，已經明訂了能夠同時使用的電流上限，以上限為45A的情況為例，在同時使用電冰箱、冷氣機、洗衣機、電鍋的狀態下，總計為25.3A沒有問題。但如果在這個時候又有兩個人要同時使用需要10A的吹風機，則合計超過45A，「安培斷電器」便會自動切斷電流。此外，和這個供電契約的內容沒有關係，在各個家庭內通常裝設有幾個「分電盤」，分別管控不同的分支回路，在同一個分支回路中流動的電流規定最高為20A。如果有超過，則裝設在分電盤中的「安全斷電器」便會動作。順帶一提，「安培斷電器」是依據契約而安設的裝置，並非為了安全的目的，有些電力公司並不設置安培斷電器。

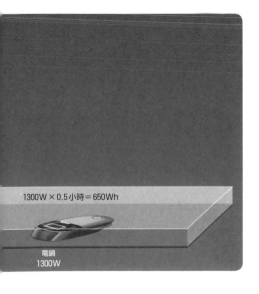

1300W×0.5小時＝650Wh

電鍋
1300W

專欄
COLUMN

「交流電」的電壓

從發電廠輸送來的電，是電壓值會反覆發生週期性變化的「交流電」。我們所說各個住家使用電壓110V，是指把交流電換算成直流電時相當於110伏特的意思。

使電流在磁場中產生力

電動車和傳統使用汽油的汽車相較，兩者之間的決定性差異在於電動車使用「電動機」做為動力來源，電動機即是使用電來產生旋轉等運動的裝置。

其運作的基本原理，是「把設置於磁鐵旁邊的導線通入電流，藉此產生對導線的作用力」。所產生的力是在與磁場及電流方向都垂直的方向上，對導線發揮作用（右下圖）。實際上，力所作用的對象是導線內的電子。把這些對微小粒子作用的力集結起來，就成為足以帶動導線的巨大驅力。不只電子，凡是具有電荷的粒子在磁場中移動時，都會受到作用力。這個力稱為「勞倫茲力」（Lorentz force）。

電動機便是利用這個原理使導線旋轉。如右頁圖1、2、3所示，藉由旋轉運動中自動切換電流方向的機制，使旋轉運動持續不止。

將導線承受的作用力用來旋轉

把導線放在磁鐵兩端所夾的空間中（磁場），再通上電流，便會產生對導線作用的力。電動機便是利用這個作用力使線圈旋轉而獲得動力，運用在生活周遭各種電器之中。實際上電動機可以藉由增加線圈的匝數，或使用釹磁鐵之類的強力磁鐵，來提高旋轉的速度。

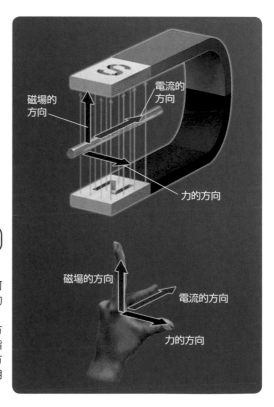

磁場的方向

電流的方向

力的方向

電流（導線）承受的作用力方向

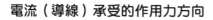

如右圖所示，把導線放在磁鐵的兩個磁極之間，再通上電流，便會在與電流及磁場方向都垂直的方向上，產生力的作用。可以從下述的「佛萊明左手定律」，簡單得知電流、磁場、力的各個方向。

把左手中指、食指、拇指豎起伸直，分別指向相互垂直的方向。若中指朝向電流的方向，食指朝向磁場的方向（從N極指往S極的方向），則拇指所指的方向即為導線受到作用力的方向。可以依照中指、食指、拇指的順序，記住「電、磁、作用力」的方向。

磁場的方向

電流的方向

力的方向

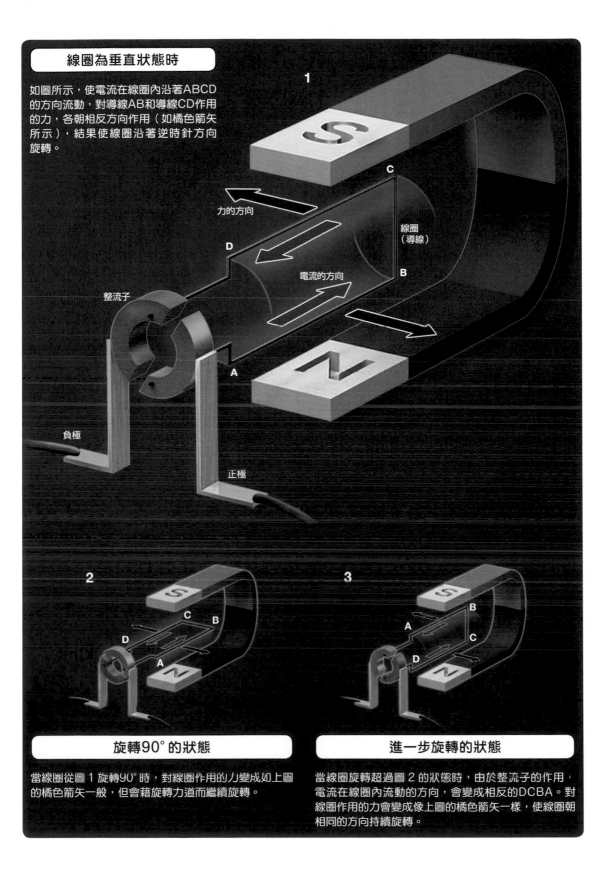

線圈為垂直狀態時

如圖所示，使電流在線圈內沿著ABCD的方向流動，對導線AB和導線CD作用的力，各朝相反方向作用（如橘色箭矢所示），結果使線圈沿著逆時針方向旋轉。

1

S

C

力的方向

D

線圈（導線）

B

電流的方向

整流子

A

N

負極

正極

2

S

C

B

D

A

N

旋轉90°的狀態

當線圈從圖1旋轉90°時，對線圈作用的力變成如上圖的橘色箭矢一般，但會藉旋轉力道而繼續旋轉。

3

S

B

A

C

D

N

進一步旋轉的狀態

當線圈旋轉超過圖2的狀態時，由於整流子的作用，電流在線圈內流動的方向，會變成相反的DCBA。對線圈作用的力會變成像上圖的橘色箭矢一樣，使線圈朝相同的方向持續旋轉。

COLUMN

電阻變成 0 的 超導性質

電子在導線中移動時，會碰撞導體的原子和分子，致使移動受到阻礙。電子碰撞的難易度依導線而定，越容易碰撞，則電流越難流通，這個電流流通的困難度就是電阻。任何一種導線都具有電阻，但若冷卻到極低溫的狀態，則電阻會變成 0。這樣的狀態稱為「超導性」（superconductivity）。

中，有些物質則會在相對高溫的環境中發生。超導不會損失電，所以目前已廣泛運用，例如檢視身體內部的「MRI裝置」（磁共振影像掃描裝置）等等。未來可望運用於更加廣泛的各種領域，例如日本JR東海預定2027年開始營運的超導線性列車等等。

運用於各種領域的超導性

超導性質通常發生於攝氏負幾百度的極低溫環境

超導性的原理

液態氮冷卻到極低溫時，會變成沒有摩擦阻力而非常容易流動的狀態，所以能爬上容器的壁面溢出到容器外，這種現象稱為「超流動性」（superfluidity）。如果把導體冷卻到極低溫，則其內部會發生電性的超流動現象，使電阻變成 0，此時電流的損失也就變成 0，所以能夠產生強力的磁場，或者節省大量的能源。

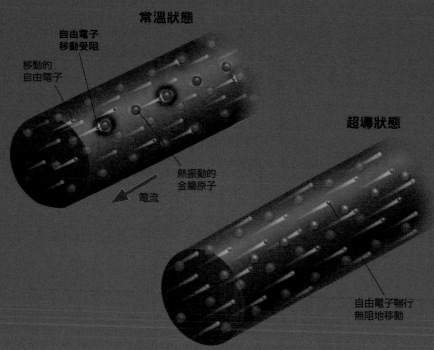

常溫狀態

自由電子移動受阻

移動的自由電子

熱振動的金屬原子

電流

超導狀態

自由電子暢行無阻地移動

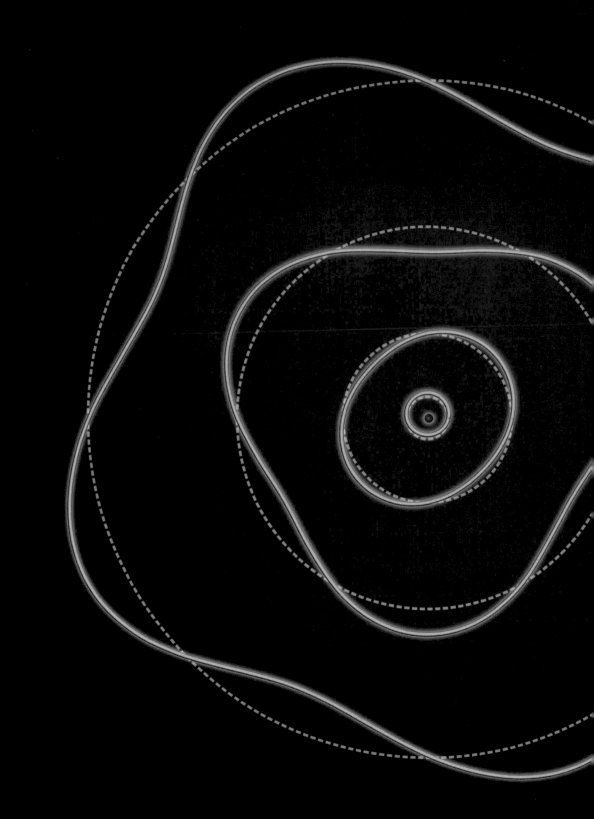

5

原子

Atom

光也具有「粒子」的性質

前 文一直介紹光屬於波。但這麼一來，就會產生以下這個「矛盾」的問題。

蠟燭火焰所放出的光波，以火焰為中心做球面狀的擴散，會照亮置於蠟燭前方 1 公尺的屏幕。如果把屏幕移到蠟燭前方 3 公尺的地方，

則亮度變成只有剛才的 9 分之 1，光波會隨距離的 2 次方成反比而減弱。所謂「看到蠟燭的光」，意指抵達眼睛的光致使「位於網膜的感光分子發生變化」。假設光是單純的波，進入眼睛的波強度，在距離蠟燭數十公尺的地方，

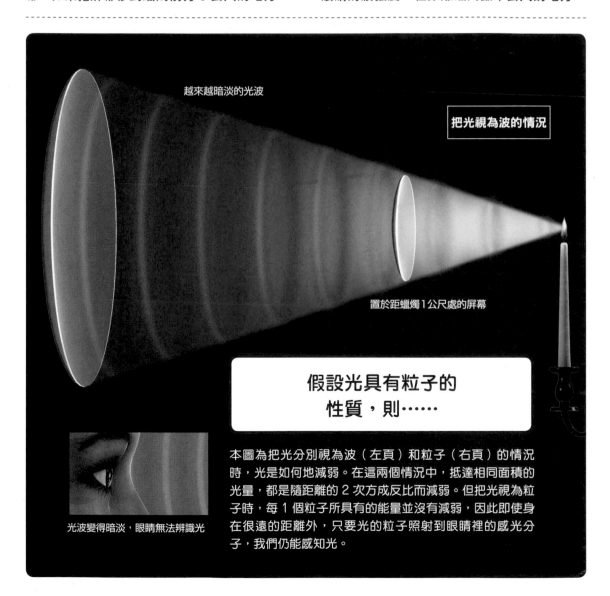

越來越暗淡的光波

把光視為波的情況

置於距蠟燭1公尺處的屏幕

假設光具有粒子的性質，則……

光波變得暗淡，眼睛無法辨識光

本圖為把光分別視為波（左頁）和粒子（右頁）的情況時，光是如何地減弱。在這兩個情況中，抵達相同面積的光量，都是隨距離的 2 次方成反比而減弱。但把光視為粒子時，每 1 個粒子所具有的能量並沒有減弱，因此即使身在很遠的距離外，只要光的粒子照射到眼睛裡的感光分子，我們仍能感知光。

就會減弱到無法具備足夠的能量來激使感光分子發生變化。但我們卻能在黑暗中看到數十公尺之外的燭光，這就產生了矛盾。

這件事只要認為光也具有粒子的性質，便能加以說明。假設蠟燭的火焰朝周圍放出光的粒子（光子，或稱光量子），照亮位在蠟燭前方1公尺處的屏幕。這些光子往前行進到蠟燭前方3公尺處時，由於範圍擴大為9倍，光子的密度變成9分之1，所以變暗了。隨距離的2次方成反比而變暗，這一點和把光視為波的情況一致。

不過1個光子所具有的能量，無論行進到多遠的地方都相同，並不會減弱。抵達眼睛的光子數量，會隨著距離的增加而減少，但只要光子具有充分的能量，便能激使感光分子發生變化，使我們能看到燭光。

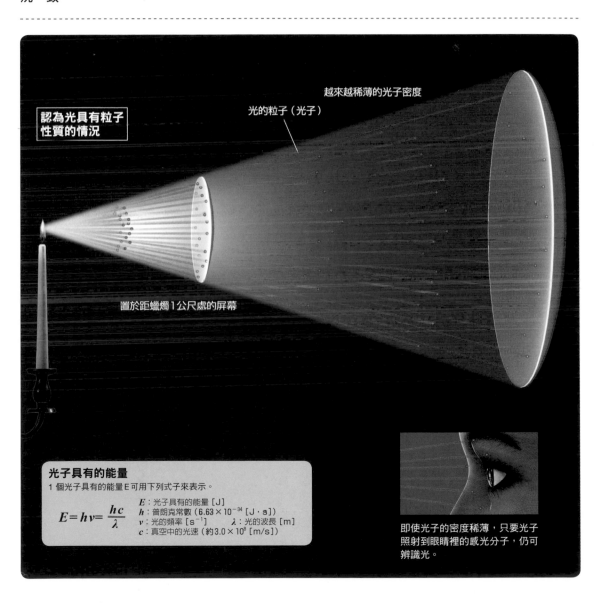

越來越稀薄的光子密度

光的粒子（光子）

認為光具有粒子
性質的情況

置於距蠟燭1公尺處的屏幕

光子具有的能量

1個光子具有的能量E可用下列式子來表示。

$$E = h\nu = \frac{hc}{\lambda}$$

E：光子具有的能量 [J]
h：普朗克常數（6.63×10^{-34} [J·s]）
ν：光的頻率 [s^{-1}]　λ：光的波長 [m]
c：真空中的光速（約3.0×10^{8} [m/s]）

即使光子的密度稀薄，只要光子
照射到眼睛裡的感光分子，仍可
辨識光。

波粒二象性

波和粒子的二象性是微觀世界的定律

前頁介紹了「光具有無法再繼續分割的能量之最小單位團塊（光子）」，也就是光具有粒子的性質。但是，由光會製造出「干涉條紋」這件事（下圖），又可以確定光具有波的性質。

也就是說，光同時具有波和粒子的性質，稱為「波粒二象性」（wave-particle duality）。在巨觀世界中，同時具有粒子和波兩種性質的物體通常並不存在，所以我們很難想像這是什麼樣的東西，但光子確實是如此不可思議的存在。

右頁圖示的實驗，在光源前方放一塊上有 2 條很細窄的縫隙（狹縫）的板子，再於板子前方放一片屏幕，這是塊受到光照射時會感光而留下痕跡的照片乾板。這項實驗的重點在於調整光源的輸出，使光子逐個射出。那麼，在反覆多次發射光子之後，屏幕上會形成什麼樣的圖案呢？如果認為光子是像棒球一樣單純的粒子，則應該只有狹縫的正前方會變亮，但事實上在這樣的實驗之後，卻形成獨特的明暗條紋

> ## 雙狹縫

利用雙狹縫進行實驗，能夠製造出光的干涉條紋。由於干涉是波特有的性質，所以光必定具有波的性質。

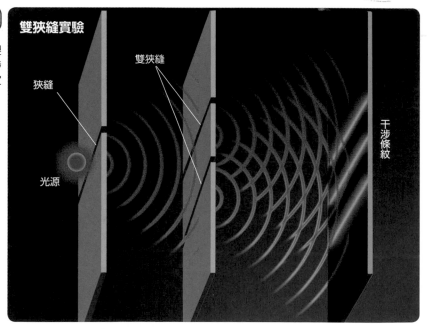

雙狹縫實驗

雙狹縫

狹縫

光源

干涉條紋

狀圖案（干涉條紋），而製造干涉條紋是波特有的性質，由此可知，光子也具有波的性質。我們不得不認為，一個光子會表現出像波一樣的行為，穿透兩條狹縫之後，波會疊合而加強或減弱，因此在屏幕上形成明暗的條紋圖案。

即使逐個射出，也會產生干涉現象

光具有無法再繼續分割下去的「能量最小單位團塊」，稱為「光子」（或光量子）。想像一項實驗，在光源前方放置雙狹縫板和照片乾板屏幕，並且使光子逐個射出。當一個光子抵達屏幕時，只會在抵達的那個點記錄一個痕跡。如果光子是單純的粒子，應該只會在狹縫正前方的屏幕上留下紀錄。但在反覆多次發射光子之後，屏幕上卻逐漸顯現出干涉條紋。這就是光子同時具有粒子和波這兩種性質的證據。

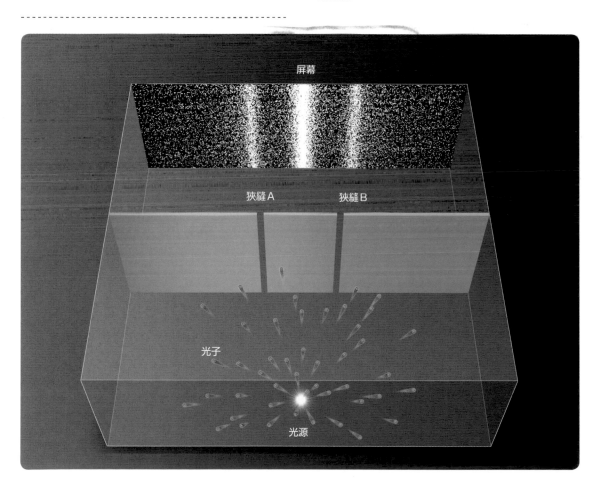

屏幕

狹縫A   狹縫B

光子

光源

構成萬物的原子只有 1000萬分之1毫米大小

世界萬物皆由「原子」所構成。無論是空氣、地球或生物等等，一切的一切，都是由原子（或原子結合而成的分子）所構成。

我們的身體當然也是由原子構成的團塊，平常或許感覺不到，因為原子太小了，其平均大小為1000萬分之1毫米，也就是0.0000001毫米。以大小比例來舉例的話，高爾夫球和一個原子的大小比例，就如同地球和高爾夫球的大小比例。

原子的直徑僅約1000萬分之1毫米，我們無法以肉眼直接看到。如果使用特殊的顯微鏡，雖然能夠看到約略的外形，但仍無法看清詳細的構造。

原子小到難以想像

原子是非常小的東西，大小只有10^{-10}公尺（1000萬分之1毫米）。如果把高爾夫球和原子以相同的倍率放大，則當高爾夫球放大到地球的大小時，原子亦約等同於原本高爾夫球的大小（高爾夫球的直徑：地球的直徑≒原子的直徑：高爾夫球的直徑）。

高爾夫球
（直徑約 4 公分）

原子
（直徑約10^{-10}公尺）

地球（直徑約1萬3000公里）　　　　　　　　　　高爾夫球

原子和分子多到難以想像

原子如此之小，所以日常肉眼所見的物體都是由數量龐大的原子及分子集結構成。1 小湯匙（5 毫升）水所含的水分子（由 1 個氧原子和 2 個氫原子構成），數量多達$1.7×10^{23}$個（17億的10億倍又10萬倍）。想像一下，這是多麼龐大的數量！地球的總人口大約有$7×10^9$人（約70億人），太陽系所屬的銀河系擁有大約10^{11}（1000億）個恆星（像太陽一樣本身會發光的星體）。假設每個恆星都擁有一個像地球這樣的行星，而且每個行星上都住著和地球一樣多的人口，則這些人口總和也才 $7×10^{20}$人。光是一小湯匙水所含的分子數，就比這個總人口數再多上200倍左右。

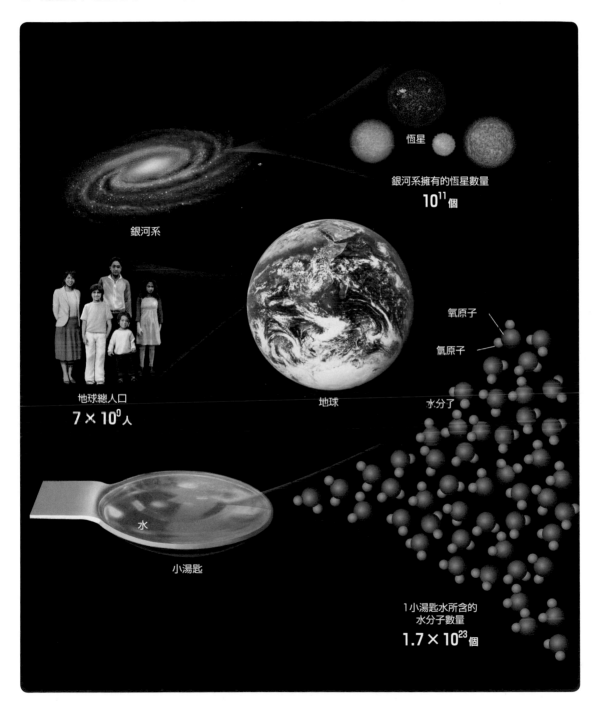

恆星

銀河系擁有的恆星數量

10^{11}個

銀河系

氧原子

氫原子

水分子

地球總人口

$7 × 10^9$人

地球

水

小湯匙

1小湯匙水所含的
水分子數量

$1.7 × 10^{23}$個

發現電子後讓世人開始探究原子的構造

原子「組件」之一的「電子」，是英國物理學家湯姆森（Joseph John Thomson，1856～1940）於1897年首度發現的。

把玻璃管內的空氣抽到幾近真空，然後在兩端施加電壓，則內部會發出紫色的光，這個現象稱為「真空放電」（vacuum discharge）。閃電是自然發生的放電，而當時已知真空放電發生的原因和閃電相同。

陰極射線的本質是「電子」

本圖為電子的發現過程。藉由陰極射線的實驗，確定遠比原子輕且帶負電荷的「電子」存在。

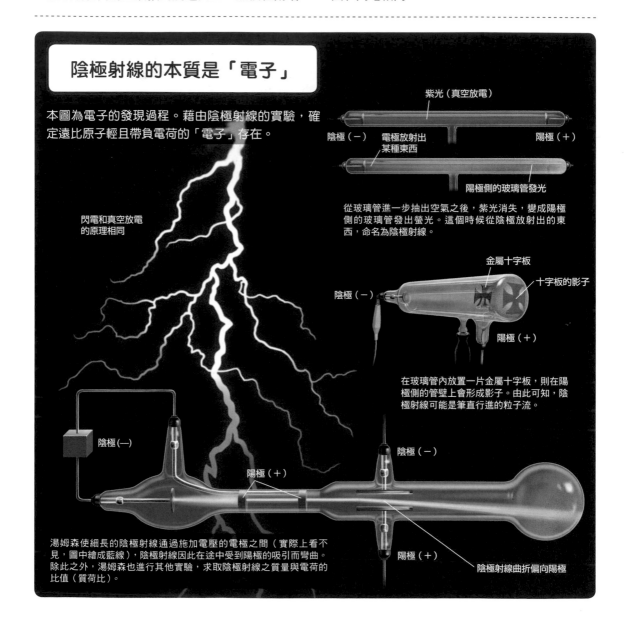

閃電和真空放電的原理相同

紫光（真空放電）

陰極（－）　電極放射出某種東西　　陽極（＋）

陽極側的玻璃管發光

從玻璃管進一步抽出空氣之後，紫光消失，變成陽極側的玻璃管發出螢光。這個時候從陰極放射出的東西，命名為陰極射線。

金屬十字板

十字板的影子

陰極（－）

陽極（＋）

在玻璃管內放置一片金屬十字板，則在陽極側的管壁上會形成影子。由此可知，陰極射線可能是筆直行進的粒子流。

陰極（－）

陽極（＋）

陰極（－）

陽極（＋）

陰極射線曲折偏向陽極

湯姆森使細長的陰極射線通過施加電壓的電極之間（實際上看不見，圖中繪成藍線），陰極射線因此在途中受到陽極的吸引而彎曲。除此之外，湯姆森也進行其他實驗，求取陰極射線之質量與電荷的比值（質荷比）。

把正在發生真空放電的玻璃管進一步抽掉內部的空氣，紫光就會消失，變成陽極側的玻璃管發出螢光，此時從陰極側放射出來的稱為「陰極射線」（cathode ray）。

湯姆森研究後發現，陰極射線的本質「具有極輕的質量，大約為氫原子的2000分之1，是帶著負電荷的粒子流」，這種粒子就是「電子」。湯姆森進一步實驗後又發現，電子始終維持相同的質量，而且任何一種原子放出的陰極射線都是相同的粒子，因此他開始推測「電子是原子的一部分」。

根據這個結果，科學家提出了各式各樣的原子構造模型。原子在一般的狀態下為電中性，既然電子是原子的一部分，而電子帶著負電，原子裡必定有另外的某個部分帶著正電，才能抵消這個負電。湯姆森所構思的模型，是在一個帶正電的大球裡，有小小的電子沿著圓形軌道在繞轉。

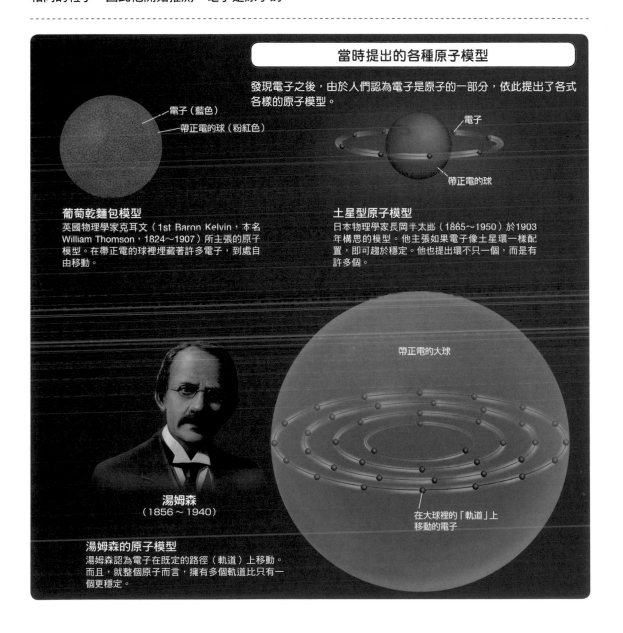

當時提出的各種原子模型

發現電子之後，由於人們認為電子是原子的一部分，依此提出了各式各樣的原子模型。

電子（藍色）
帶正電的球（粉紅色）

葡萄乾麵包模型
英國物理學家克耳文（1st Baron Kelvin，本名 William Thomson，1824～1907）所主張的原子模型。在帶正電的球裡埋藏著許多電子，到處自由移動。

電子
帶正電的球

土星型原子模型
日本物理學家長岡半太郎（1865～1950）於1903年構思的模型。他主張如果電子像土星環一樣配置，即可趨於穩定。他也提出環不只一個，而是有許多個。

湯姆森
（1856～1940）

帶正電的大球

在大球裡的「軌道」上移動的電子

湯姆森的原子模型
湯姆森認為電子在既定的路徑（軌道）上移動。而且，就整個原子而言，擁有多個軌道比只有一個更穩定。

原子中心有個帶正電的「原子核」

現在我們已經知道，原子中心有一個帶正電的「原子核」。當初作實驗闡明這件事的人，是英國物理學家拉塞福（Ernest Rutherford，1871～1937）。

時值發現了X射線等「放射線」，使得放射線成為當時最尖端的研究主題。拉塞福也在研究一種稱為「α射線」的強力放射線，並闡明了那是一種比電子重約8000倍，並且帶著正電荷的粒子。

α射線是以極為高速飛行的重粒子。因此，

檢測原子構造

拉塞福為了檢視肉眼無法看見的原子構造，想出利用α射線（α粒子）撞擊原子的方法。根據α粒子的彎曲狀態和反射角度，闡明了原子的構造。

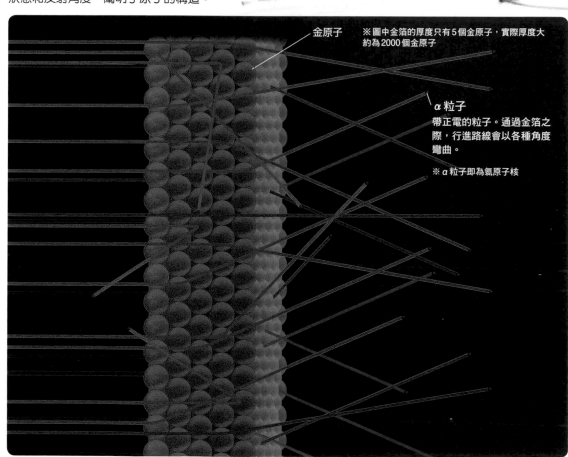

金原子　　※圖中金箔的厚度只有5個金原子，實際厚度大約為2000個金原子

α粒子
帶正電的粒子。通過金箔之際，行進路線會以各種角度彎曲。

※α粒子即為氦原子核

即使撞上輕粒子，行進路線也幾乎不會彎曲。拉塞福認為如果像葡萄乾麵包模型（第151頁）那樣，原子內遍布著正電荷，並且和電子混雜在一起的話，就算 α 射線朝原子射去時，應該會幾近筆直地行進通過。

但是，他在1909年命令研究室的年輕研究員蓋革（Johannes Wilhelm Geiger，1882～1945）和馬斯登（Ernest Marsden，1889～1970）進行檢測，卻發現它的行進路線約 1 萬次會有 1 次發生極大角度的彎曲。有時候，甚至會朝與行進方向相反的方向彈回來。

拉塞福根據這項實驗的結果，在1911年發表了以下的理論：「正電荷集中在原子中央極為狹小的區域，並產生強大的電力，導致 α 射線被反彈回來。」就這樣，確認了原子核的存在。

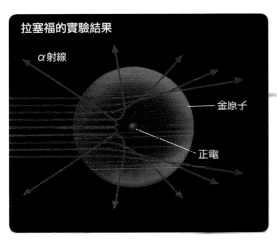

拉塞福的實驗結果

α射線

金原子

正電

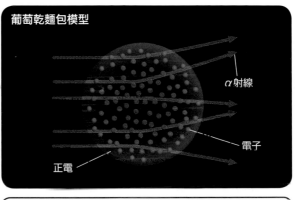

葡萄乾麵包模型

α射線

電子

正電

正電集中於原子的中心

假設真如上圖所示，帶正電的大球裡散布著電子，則 α 粒子的行進路線應該只會微微地彎曲。但是在拉塞福的實驗中，甚至發現有些 α 粒子是朝著與行進路線相反的方向彈回來。若要說明這個結果，唯有假設正電荷是集中在原子中央的一個小點（左）。

拉塞福
（1871～1937）

對物理學的貢獻

拉塞福所構思使粒子與粒子碰撞，以便檢視其構造的方法，成為現代研究原子核的主要方法。使粒子高速飛行撞上某些東西，以便探索其性質的「對撞機」，也是基於這個原理而製作的設施。拉塞福發明了近代物理學的重要實驗方法，因而留名青史。

電子只能存在於特別的軌道

雖然闡明了原子構造其中心有原子核，周圍有電子，不過，這樣的模型還有一些問題沒有解決。

如果電子在做圓周運動的話，它會放出光（電磁波）而失去能量。那麼，在原子核周圍繞轉的電子應該會逐漸失去能量而朝原子核墜落，導致原子無法保持它的樣貌。

丹麥物理學家波耳（Niels Henrik David Bohr，1885～1962）對這個問題提出了解決方案之一。他在1913年提出於原子核周圍繞轉的電子，只能存在於特別的軌道上，而在此軌道上的電子並不會放出電磁波。這個電子所處的狀態稱為「恆定狀態」或「穩態」。

那麼，為什麼電子只能存在於特別的軌道上呢？這個問題可以採用法國物理學家德布羅意（Louis de Broglie，1892～1987）提出的想法來圓滿說明。德布羅意於1923年提出了一個想法：「如果光兼具波及粒子兩者的性質，那一直被認為是微小粒子的電子，是不是也可能具有波的性質呢？」假設電子具有波的性質，如果電子軌道的周長是電子波波長的整數倍，那麼電子波繞行軌道一周時，剛好能使波完整連接起來（右頁圖）。像這樣，當電子的波長和軌道周長呈現「恰好的長度」時，就是電子的恆定狀態。

躍遷軌道之際會放出電磁波

若假設電子軌道如同右頁圖示的跳階式，便能圓滿說明原子會吸收或放出特定波長的電磁波現象。例如，外側軌道上的電子要躍遷到內側軌道時，會放出特定能量（波長）的電磁波。相反地，電子會吸收特定能量的電磁波，從內側軌道躍遷到外側軌道上。

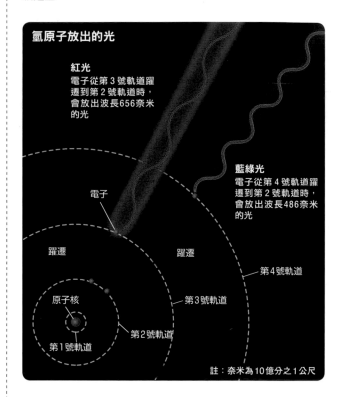

氫原子放出的光

紅光
電子從第3號軌道躍遷到第2號軌道時，會放出波長656奈米的光

藍綠光
電子從第4號軌道躍遷到第2號軌道時，會放出波長486奈米的光

電子

躍遷　躍遷

原子核

第1號軌道

第2號軌道

第3號軌道

第4號軌道

註：奈米為10億分之1公尺

軌道周長是電子波長的整數倍

德布羅意認為，像電子這樣的微小粒子也具有波的性質。這種波稱為「物質波」（matter wave）或「德布羅意波」（de Broglie wavelength）。電子波的波長依據它與原子核的距離來決定，無法自由地變化。而且電子只能存在於軌道周長「恰好」為電子波長整數倍的軌道上。

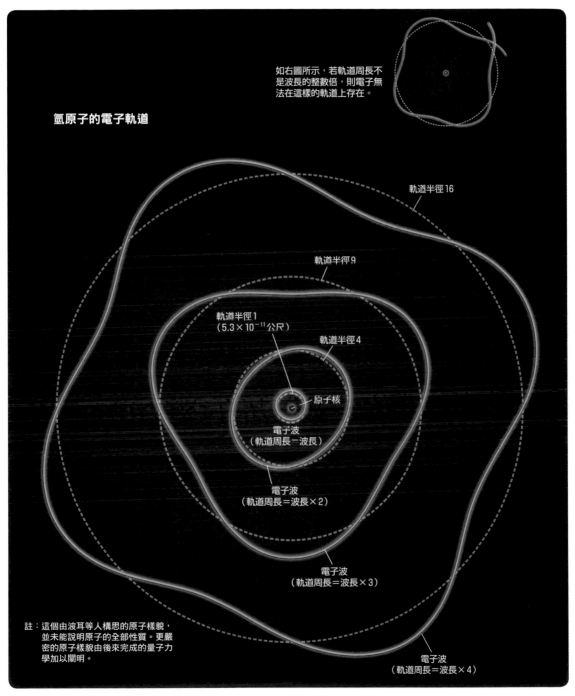

如右圖所示，若軌道周長不是波長的整數倍，則電子無法在這樣的軌道上存在。

氫原子的電子軌道

軌道半徑 16

軌道半徑 9

軌道半徑 1
（5.3×10^{-11}公尺）

軌道半徑 4

原子核

電子波
（軌道周長＝波長）

電子波
（軌道周長＝波長×2）

電子波
（軌道周長＝波長×3）

電子波
（軌道周長＝波長×4）

註：這個由波耳等人構思的原子樣貌，並未能說明原子的全部性質。更嚴密的原子樣貌由後來完成的量子力學加以闡明。

「電子波」的構想發展成為「量子論」

在此針對「電子波」做一些更詳細的說明。

電子不單只是粒子而已，它也具有波的性質。這一點已經藉由「電子的雙狹縫實驗」得以確認。使用前端尖銳的金屬製「電子鎗」將電子逐一發射至前方的電子偵測器。持續進行這項實驗，就會出現「干涉條紋」。

由於電子是逐個進入偵測器，所以在這個點表現出粒子般的樣貌。但是，如果觀察無數個電子的實驗結果，則會製造出干涉條紋，又表現出波般的行為。由此可知，電子和光（光子）一樣，同時具有波和粒子兩種性質，亦即具有波粒二

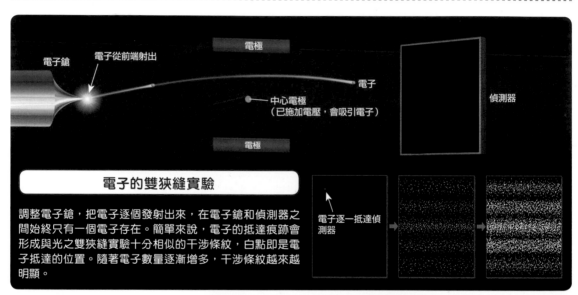

電極

電子鎗　電子從前端射出　電子

中心電極
（已施加電壓，會吸引電子）

電極

偵測器

電子的雙狹縫實驗

調整電子鎗，把電子逐個發射出來，在電子鎗和偵測器之間始終只有一個電子存在。簡單來說，電子的抵達痕跡會形成與光之雙狹縫實驗十分相似的干涉條紋，白點即是電子抵達的位置。隨著電子數量逐漸增多，干涉條紋越來越明顯。

電子逐一抵達偵測器

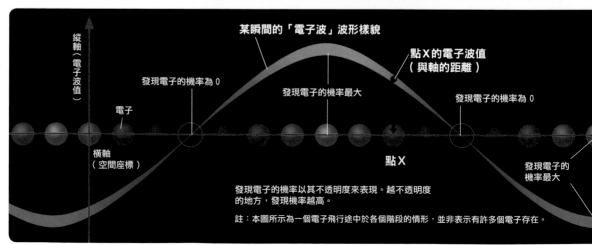

縱軸（電子波值）

某瞬間的「電子波」波形樣貌

點X的電子波值
（與軸的距離）

發現電子的機率為 0

發現電子的機率最大

發現電子的機率為 0

電子

橫軸
（空間座標）

點X

發現電子的機率最大

發現電子的機率以其不透明度來表現。越不透明度的地方，發現機率越高。

註：本圖所示為一個電子飛行途中於各個階段的情形，並非表示有許多個電子存在。

象性。

對於這種極端不可思議的現象，微觀世界的物理學「量子論」（或量子力學）提出的標準解釋（哥本哈根詮釋）如下所述。在觀測之前，電子是以在空間中傳播的波形式存在。但如果進行觀測，電子波會在瞬間「塌縮」成一個點，呈現出粒子的樣貌。至於會在什麼地方發現電子，則是依電子波所呈現的發現機率而隨機決定。

在此整理一下電子的雙狹縫實驗！電子從電子鎗發射出來之後，以波的形式行進，同時通過中心電極的兩側，並在臨近偵測器的前方發生干涉。干涉的結果，導致在不同場所發現電子的機率有高有低。如果發射的電子數量龐大，就會依它們的發現機率，形成由明亮部分（發現機率高）和陰暗部分（發現機率低）組成的干涉條紋。

「電子波」的構想成為量子論的基礎，而量子論是現代電子工程學不可或缺的理論。可以說，沒有量子力學，電腦、行動電話等等就不會誕生。

電子波是什麼？

電子波實際上是以 3 維形式進行傳播，但此處只呈現電子波在特定方向上的波形示意圖。所謂電子波的波形，並非指電子實際上以波浪的形式在行進，而是與電子的「發現機率」有關。圖中的電子以不透明度來表現發現機率，發現機率越高的地方，球狀電子的不透明度越高。該機率最大之處在波峰頂點與波谷底點，而在電子波與橫軸相交的點則為 0。順帶一提，電子波值（相當於與圖中橫軸的距離）事實上是取「複數」數值。所謂的複數，是指使用乘上 2 次方會成為 -1 的「虛數 i」記成「$a+bi$」的數（a 和 b 為實數）。根據量子力學，在某個場所發現電子的機率，與該場所波值之絕對值的 2 次方成正比。

專欄 COLUMN　電子的真實樣貌

圖示為量子論所闡述氫原子電子軌道的示意圖。電子只要沒有進行觀測，就不能說「在這裡」，而是像分身術一樣散布於空間。本圖以雲的意象來呈現這樣的電子。

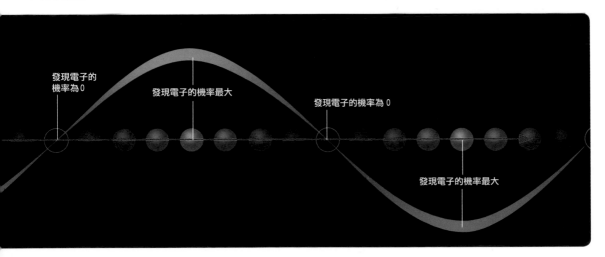

發現電子的機率為 0

發現電子的機率最大

發現電子的機率為 0

發現電子的機率最大

原子核是「質子」和「中子」構成的團塊

拉塞福在發現了原子核之後，持續進行以 α 粒子撞擊原子的實驗，於是在1917年又有了新的發現。他利用 α 粒子撞擊氮原子，發現有未知的粒子從氮原子核飛出來。

這種粒子帶有一個正電荷，電量和一個電子所帶的負電荷相當。拉塞福把它命名為「質子」（proton），並認為原子核是由質子集結而成的團塊。當時把核中的質子數量稱為「原子序」。

不過，這樣的想法和事實有所矛盾。例如，

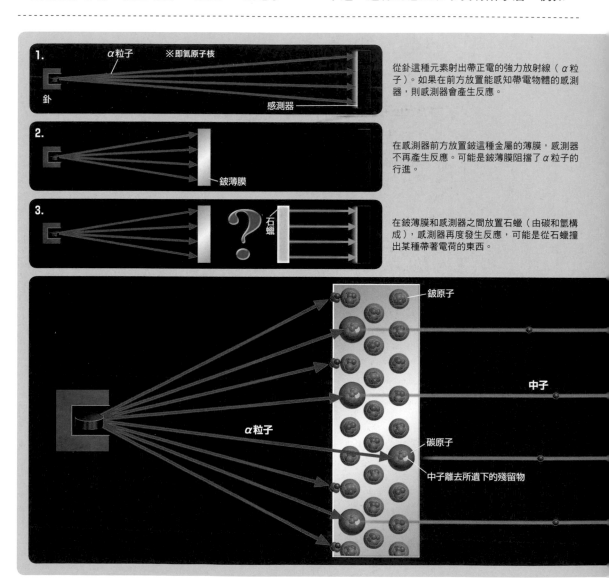

1. α粒子　※即氦原子核　　感測器　釙

從釙這種元素射出帶正電的強力放射線（α粒子）。如果在前方置能感知帶電物體的感測器，則感測器會產生反應。

2. 鈹薄膜

在感測器前方放置鈹這種金屬的薄膜，感測器不再產生反應。可能是鈹薄膜阻擋了 α 粒子的行進。

3. 石蠟

在鈹薄膜和感測器之間放置石蠟（由碳和氫構成），感測器再度發生反應，可能是從石蠟撞出某種帶著電荷的東西。

鈹原子　中子　α粒子　碳原子　中子離去所遺下的殘留物

氦的重量是氫的 4 倍左右，原子核的電荷大小卻是氫的 2 倍。如果構成氦原子核的質子為 4 個，那麼電荷就太多；若為 2 個，則無法說明原子的重量。

後來解決這個矛盾的人，是英國原子物理學家查兒克（James Chadwick，1891～1974）。查兒克所注意的對象，是在1930年前後發現本質不明的「電中性粒子」。這種粒子從 α 粒子撞擊鈹薄膜和石蠟（蠟燭材料）的實驗中所發現（見圖）。根據實驗的結果，推測是 α 粒子把「電中性粒子」從鈹薄膜中撞出來。

查兒克計算粒子的速度等數據，發現這種粒子的質量和質子不相上下。他在1932年發表這項實驗成果，並且把這種粒子命名為「中子」（neutron）。於是中子乃繼電子和質子之後，為構成原子的第 3 號成員。

由此可知，原子核是由質子和中子所構成，這兩種粒子統稱為「核子」。

原子核是由質子和中子構成的團塊

查兒克所闡明原子核由中子和質子構成的示意圖。中子是質量和質子幾近相同，但帶電中性的粒子。

中子被撞擊出去

左頁的第 2 階段，感測器沒有感測到任何東西，這有可能是「沒有任何東西」，也有可能是「從鈹飛出某種電中性的東西」；在第 3 階段，由於某種原因而從石蠟撞出了帶電的粒子。查兒克根據這些實驗結果提出以下假設。

α 粒子撞擊鈹薄膜，和鈹原子核結合成碳原子核。這個時候，從碳原子核撞出「電中性粒子」。這種粒子撞擊石蠟，切斷了碳原子和氫原子間的結合狀態，使得氫原子核（質子）飛出來，打到感測器。

雖然實際上看不見粒子，但查兒克綜合實驗結果做了以上的推測，並認為這種電中性粒子「中子」和質子共同構成原子核。

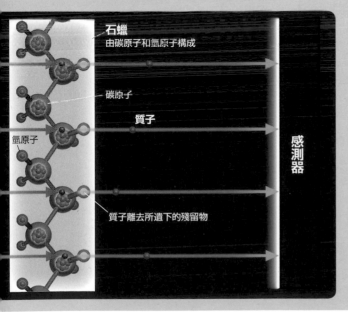

石蠟
由碳原子和氫原子構成

碳原子

質子

氫原子

質子離去所遺下的殘留物

感測器

雖屬同類元素，但重量卻不相同的「同位素」

原子的種類依其質子數（原子序）而定，中子數則會影響原子的重量。質子和中子數的總和稱為「質量數」，可用於表示原子大致上的重量。

每種元素的質子數都不相同，但中子數卻不一定。以氫來說，質子絕對只有 1 個，但中子數卻有 0 個、1 個、2 個這 3 種情況。雖然是相同的氫，但是有比較輕的氫和比較重的氫。像這種質子數相同但中子數不同的元素，稱為「同位素」（isotope）。

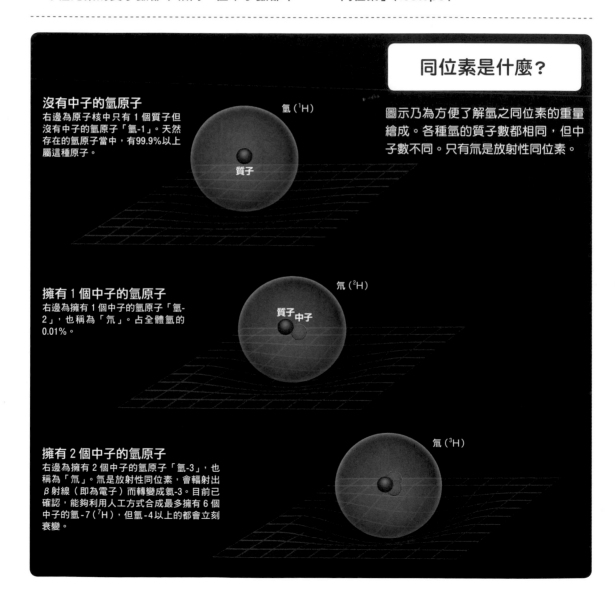

同位素是什麼？

沒有中子的氫原子
右邊為原子核中只有 1 個質子但沒有中子的氫原子「氫-1」。天然存在的氫原子當中，有99.9%以上屬這種原子。

氫（¹H）
質子

圖示乃為方便了解氫之同位素的重量繪成。各種氫的質子數都相同，但中子數不同。只有氚是放射性同位素。

擁有 1 個中子的氫原子
右邊為擁有 1 個中子的氫原子「氫-2」，也稱為「氘」。占全體氫的0.01%。

氘（²H）
質子 中子

擁有 2 個中子的氫原子
右邊為擁有 2 個中子的氫原子「氫-3」，也稱為「氚」。氚是放射性同位素，會輻射出 β 射線（即為電子）而轉變成氦-3。目前已確認，能夠利用人工方式合成最多擁有 6 個中子的氫-7（⁷H），但氫-4以上的都會立刻衰變。

氚（³H）

發現同位素的人，是英國物理化學家索迪（Frederick Soddy，1877～1956）。在1910年前後，索迪注意到存在有某種原子群，化學性質相同，但其放射線的特徵卻不盡相同。

就像索迪所檢測的結果，同位素中有些會輻射出放射線。例如擁有 2 個中子的氫原子，會輻射出 β 射線，致使 1 個中子轉變成質子，並因此轉變成為另一種原子核（氚-3）。這樣的同位素稱為放射性同位素（radioisotope）。

而且同位素也會影響「原子量」，這是指把質量數12的碳重量訂為12時，各種原子的相對重量。如果是擁有同位素的元素，必須依照同位素的存在比例加以計算。例如，碳擁有質量數13的同位素，占全體的比例為1.1％，因此，碳的原子量是極為接近12的12.0107。

同位素表示法

要表示同位素的時候，在元素名稱的後面加上質量數，例如氚記成「氫-3」。要以符號表示時，則在元素符號的左上方加註質量數，記成「^{3}H」。不過，若是同位素中存在比例最大的原子（氫為氫-1），通常省略數字不寫。

輻射出放射線而轉變成另一種元素

質量數 3 的氫（氚-3）是放射性同位素。會輻射出稱為 β 射線的放射線和反微中子，使得 1 個中子轉變成質子（β 衰變）。結果，原子序增加 1 而變成氦-3。

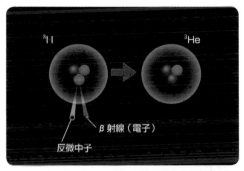

放射線的種類

「α 射線」是高速射出的氦原子核；「β 射線」是高速射出的電子；「中子射線」是因核分裂反應等原因而飛射出的高速中子；「X射線」和「γ 射線」都是電磁波的一種。前者是原子核周圍的電子從高能量轉變成低能量狀態時所放射出。後者也是原子核從高能量轉變成低能量狀態時所放射出，通常擁有比X射線更高的能量。圖中箭矢表示各種放射線的穿透力。

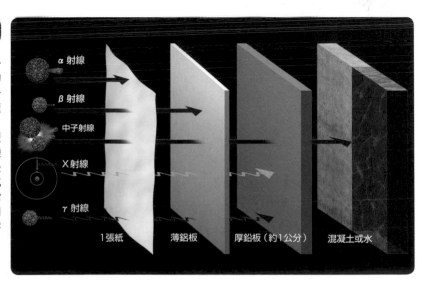

原子核不會潰散有賴於「核力」的作用

質子帶正電，中子不帶電。這樣的粒子為什麼能夠集結成一個團塊，而成為原子核呢？

1934年，也就是在發現中子的2年後，日本物理學家湯川秀樹（1907～1981）預言某種力的本質，可把原子核集結在一起而不致潰散。這種力稱為「核力」（nuclear force）。

核力是宛如「黏膠」般在核子之間作用的力。發生於質子和中子、質子和質子、中子和中子之間。尤其是在質子和中子之間作用的強大引力，把原子核結合成為一體。

核力與電力有兩個很大的差異點。第一個是力的作用範圍，電力的強度隨距離的平方成反比，雖然會徐徐減弱，但理論上即使在無限遠的地方仍能發揮作用。而核力只能在1兆分之1毫米（10的負12次方毫米）的數倍範圍內發揮作用。因為這是質子和中子的半徑好幾倍，所以核力可能只會在相鄰的核子間作用。

第二個是力的強度。目前已知，如果在核力的作用範圍內比較核力和電力的大小，則核力比電力強100倍左右。雖然在質子之間有電的排斥力，但核力所產生的引力遠遠凌駕於此，才使得原子核不致於潰散。

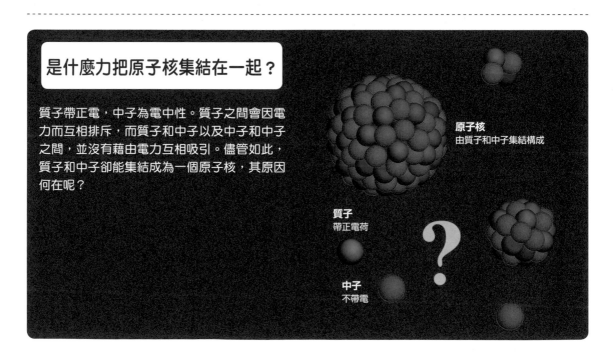

是什麼力把原子核集結在一起？

質子帶正電，中子為電中性。質子之間會因電力而互相排斥，而質子和中子以及中子和中子之間，並沒有藉由電力互相吸引。儘管如此，質子和中子卻能集結成為一個原子核，其原因何在呢？

原子核
由質子和中子集結構成

質子
帶正電荷

中子
不帶電

發生電性的排斥作用

本圖所示為質子間發生的電性排斥力。電力可以想像成以質子為中心而朝四面八方傳播的波紋。在理論上，電力的作用範圍無遠弗屆，無論相隔多遠，質子之間都會微微地互相排斥。力的大小與距離平方成反比。

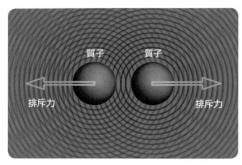
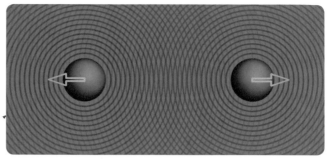

核力所產生的吸引力比較強

藉由核力產生的吸引力，尤其是質子和中子間的吸引力特別強。不過這種吸引力的作用距離頂多數倍10^{-12}毫米而已，只侷限於核子周圍，當核子極端接近時，核力才會發揮作用。如果以相同距離作用力的強度來做比較，則核力是電性排斥力的100倍左右。由於核力如此強大，原子核才不致於潰散。不過若是比較重的原子核，由於核子較多，就不能完全忽略電性排斥力。

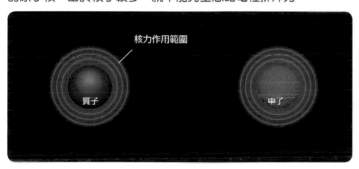
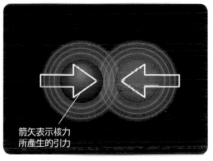

如果太接近會變成排斥力

目前已知，如果核子太過於靠近，則核力會轉變成排斥力。這個轉變的機制目前還沒有完全闡明。此外，質子間以及中子間也會產生較弱的核力（下段），光憑這種力，質子之間以及中子之間很容易分開離散。

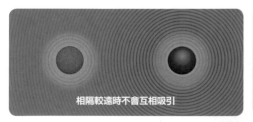
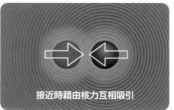
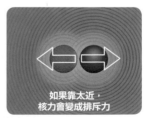

藉由原子核的融合與分裂而釋放能量

太陽為什麼會發光呢？太陽的主要成分是氫，它的中心區處於約1500萬℃、2300億大氣壓的超高溫、超高壓狀態。在這樣的環境裡，氫原子核和電子四處離散飛竄。4個氫原子核劇烈相撞、融合，產生了氦原子核。這個過程稱為「核融合反應」。

此時會釋出龐大的能量（新產生的原子核等

粒子的動能和電磁波），藉由這個能量，太陽表面維持著大約6000℃的溫度，發出耀眼光芒。

闡明此原理的人是愛因斯坦（Albert Einstein，1879～1955），他在1905年發表相對論，提出「$E=mc^2$」的算式。這個公式代表必須把質量（m）也當做能量（E）的一部

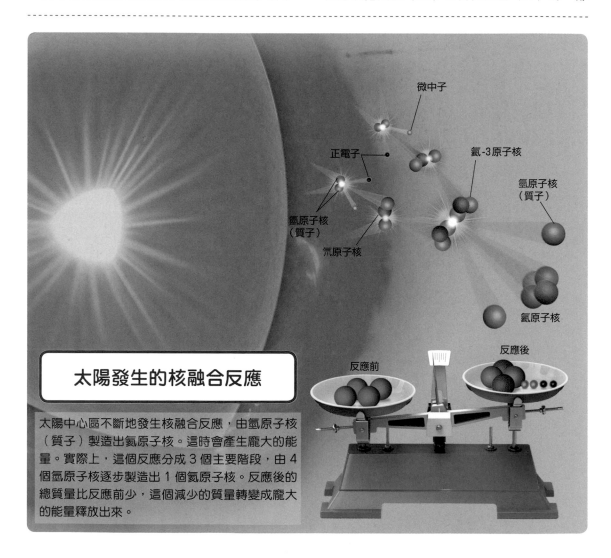

微中子

正電子

氦-3原子核

氫原子核
（質子）

氘原子核

氫原子核
（質子）

氦原子核

反應前　　　　反應後

太陽發生的核融合反應

太陽中心區不斷地發生核融合反應，由氫原子核（質子）製造出氦原子核。這時會產生龐大的能量。實際上，這個反應分成3個主要階段，由4個氫原子核逐步製造出1個氦原子核。反應後的總質量比反應前少，這個減少的質量轉變成龐大的能量釋放出來。

分來思考。順帶一提，c 為光速（秒速約30萬公里）值。

把核融合反應前 4 個氫原子核的總質量，和反應後的氦原子核以及反應過程中產生的粒子總質量相比，反應後的總質量約減輕了0.7％，稱為「質量欠缺」或「質量虧損」（mass defect）。依據 $E=mc^2$ 這個式子來思考這件事，即意味著粒子在反應後擁有的能量比反應前減少了。這個減少的能量，就是核融合所產生的能量。

大原子核分裂的「核分裂反應」也會產生龐大的能量。例如，鈾235這種原子的原子核，會吸收中子（構成原子核的電中性粒子）而變得不穩定，遂分裂成為碘139和釔95等其他種類的原子核，產生龐大的能量。

這個時候比較反應前後的總質量，反應後比反應前約減少0.08％左右。減少的質量轉變成能量釋放出來，核能發電就是利用這種能量來發電。

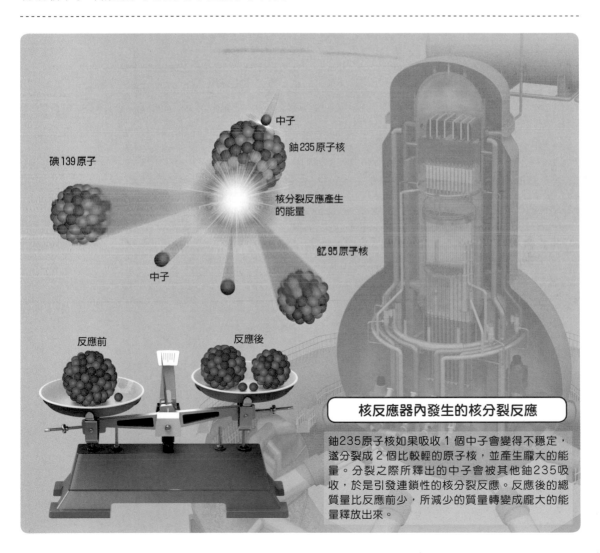

碘139原子

中子

鈾235原子核

核分裂反應產生的能量

釔95原子核

中子

反應前

反應後

核反應器內發生的核分裂反應

鈾235原子核如果吸收 1 個中子會變得不穩定，遂分裂成 2 個比較輕的原子核，並產生龐大的能量。分裂之際所釋出的中子會被其他鈾235吸收，於是引發連鎖性的核分裂反應。反應後的總質量比反應前少，所減少的質量轉變成龐大的能量釋放出來。

利用核分裂的核能發電

原子核發生核分裂的時候，會釋放出龐大的能量。利用這個能量把水煮沸，再利用水蒸氣轉動渦輪機而產生電，這樣的發電方式稱為「核能發電」。

核能發電的燃料中含有會發生核分裂的鈾235和不會發生核分裂的鈾238。燃燒這些燃料（使其發生核分裂）後，一部分鈾238轉變成會發生核分裂的鈽239，然後再將鈽239加工成所謂「混合氧化物燃料」（mixed oxide fuel），以供進行核能發電之用，此稱為「核燃料循環」。

產生出的中子會促發進一步的反應

核能發電通常使用中子撞擊鈾235這種物質，使其發生核分裂。由於核分裂而放出的中子會再撞擊其他鈾235，繼續引發核分裂，這樣的步驟一再反覆，便能發生連鎖性的核分裂反應，從而產生龐大的能量。1公克鈾所產生的能量，相當於10桶石油。

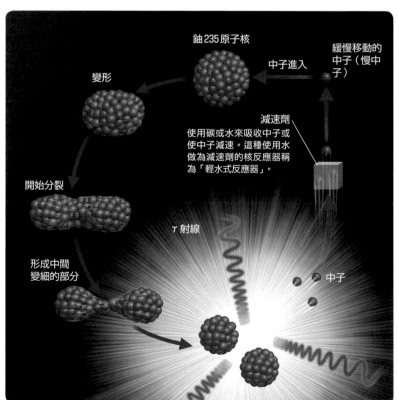

鈾235原子核

變形

中子進入

緩慢移動的中子（慢中子）

減速劑
使用碳或水來吸收中子或使中子減速。這種使用水做為減速劑的核反應器稱為「輕水式反應器」。

開始分裂

γ射線

形成中間變細的部分

中子

兩種核能發電

核能發電的核反應器（原子爐）可依其冷卻劑及中子減速劑的材料種類分為許多種，例如使用水的「輕水式反應器」，或是使用重水（由多 1 個中子的氫所構成的水）的「重水式反應器」等等。日本的核能電廠絕大多數使用輕水式反應器，此類反應器又可分為「沸水型」和「壓水型」。前者在核反應器內把水煮沸，後者則利用蒸氣產生裝置把在核反應器內加熱的水轉變成蒸氣。

以往，日本核能發電占總發電量的比例曾經達25～30%。但由於2011年東日本大地震發生放射線洩漏事故所造成的影響，核能發電所占的比例已經下降。依台灣電力公司2019年的數據，核能發電約占總發電量的10%。

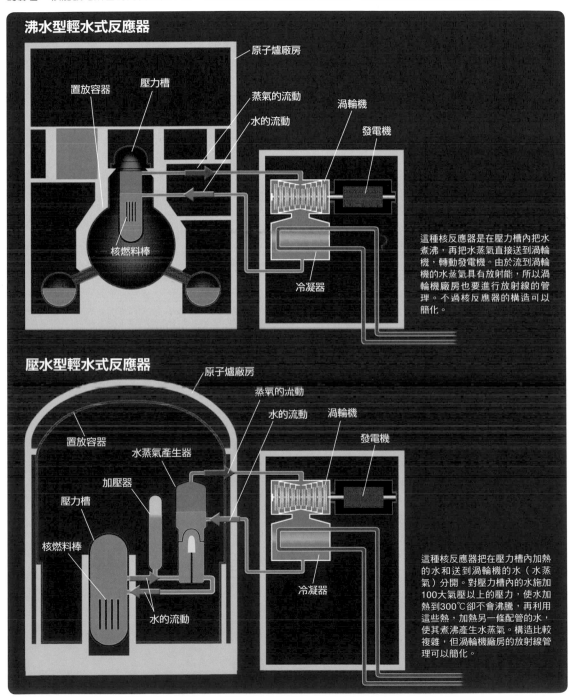

沸水型輕水式反應器

原子爐廠房

置放容器

壓力槽

蒸氣的流動

水的流動

渦輪機

發電機

核燃料棒

冷凝器

這種核反應器是在壓力槽內把水煮沸，再把水蒸氣直接送到渦輪機，轉動發電機。由於流到渦輪機的水蒸氣具有放射能，所以渦輪機廠房也要進行放射線的管理。不過核反應器的構造可以簡化。

壓水型輕水式反應器

原子爐廠房

蒸氣的流動

水的流動

渦輪機

發電機

置放容器

水蒸氣產生器

加壓器

壓力槽

核燃料棒

水的流動

冷凝器

這種核反應器把在壓力槽內加熱的水和送到渦輪機的水（水蒸氣）分開。對壓力槽內的水施加100大氣壓以上的壓力，使水加熱到300℃卻不會沸騰，再利用這些熱，加熱另一條配管的水，使其煮沸產生水蒸氣。構造比較複雜，但渦輪機廠房的放射線管理可以簡化。

未來的電腦 「量子電腦」

原子及原子核這類微觀世界所發生的現象，並不像我們生活周遭發生的現象一樣可以用牛頓力學來解釋。因此，科學家建立了一門物理學，稱為「量子力學」（quantum mechanics）或「量子論」。

量子論裡頭有一個「疊合」（superposition）的概念，也稱為疊加，以硬幣為例，就是指正面和反面兩種情形同時存在的狀態。把這個疊合的概念運用在電腦上，就稱為「量子電腦」（quantum computer）。一般電腦藉由 0 和 1 的組合來進行計算。相對地，量子電腦則是利用 0 和 1 兩狀態同時存在的疊合狀態，同時進行大量的計算，因此它能以一般電腦不可能達到的超高速度進行計算。

2019年10月，Google公司發表了一項研究成果，使用當時世界最快的超級電腦必須耗費 1 萬年才能完成的計算工作，使用這種量子電腦的疊合概念，只要200秒就完成了。目前，量子電腦正朝實用化目標不斷地進行研發。

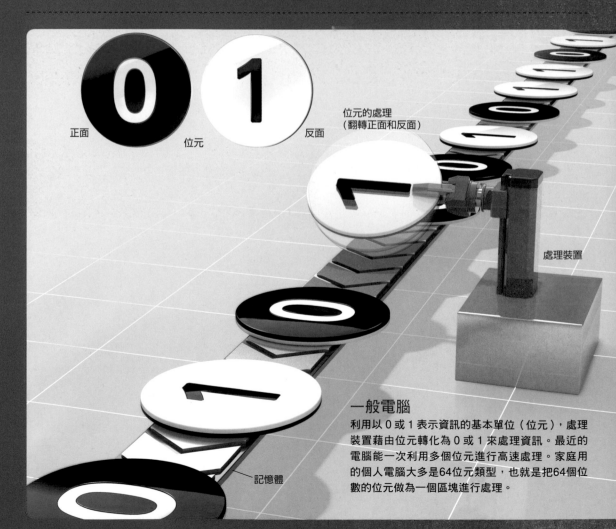

正面　　　位元　　　反面

位元的處理
（翻轉正面和反面）

處理裝置

記憶體

一般電腦

利用以 0 或 1 表示資訊的基本單位（位元），處理裝置藉由位元轉化為 0 或 1 來處理資訊。最近的電腦能一次利用多個位元進行高速處理。家庭用的個人電腦大多是64位元類型，也就是把64個位數的位元做為一個區塊進行處理。

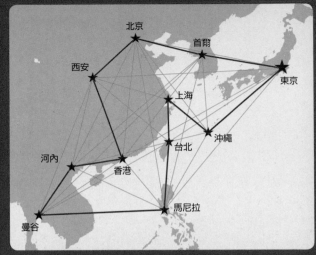

量子退火方式與「巡迴銷售員問題」

量子電腦有各種運作方式，其中有一種稱為「量子退火」（quantum annealing）。雖然擅長的領域有其限制，但十分適合找出最佳組合之類比等簡單的計算。例如，銷售員採取什麼路線才能有效率地巡迴拜訪顧客的「巡迴銷售員問題」，就是經常拿來說明量子退火適合這類型態計算的典型例子。當顧客數越來越多時，計算量將會爆增，一般電腦難以負荷這麼龐大的計算工作，但若採用量子退火方式的量子電腦，就能夠在比較短的時間內完成計算。這種方式的量子電腦已經商用化了。

一個位於東京的銷售員，想要前往上方地圖標示的10個都市拜訪一次，並且不經由相同路線回到東京。能夠採取的路線有大約363萬（＝10×9×8×7×6×5×4×3×2×1）種。地圖只顯示部分路線。

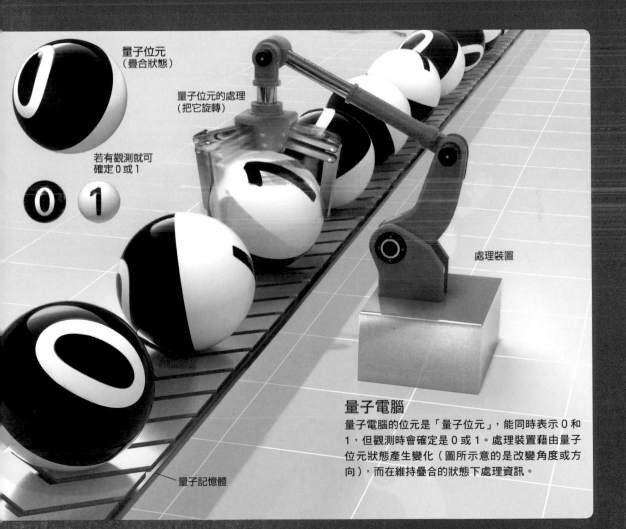

量子位元
（疊合狀態）

量子位元的處理
（把它旋轉）

若有觀測就可
確定0或1

0 1

處理裝置

量子記憶體

量子電腦
量子電腦的位元是「量子位元」，能同時表示0和1，但觀測時會確定是0或1。處理裝置藉由量子位元狀態產生變化（圖所示意的是改變角度或方向），而在維持疊合的狀態下處理資訊。

6

物理學與宇宙

Physics and Universe

狹義相對論①

狹義相對論的「光速不變原理」是什麼？

物理學家愛因斯坦發表的相對論，包括在不考慮重力影響之特殊狀況下成立的「狹義相對論」（special theory of relativity，也稱為「特殊相對論」），以及把重力納入考量而在一般狀況下也能成立的「廣義相對論」（general theory of relativity，亦稱「一般相對論」）。首先，我們來看看狹義相對論。

狹義相對論可說是闡明「時間的進行和空間的大小並非絕對，會依立場而改變」這件事的物理學理論，其基礎是「相對性原理」（relativity principle）和「光速不變原理」（principle of constancy of light velocity）。

「相對性原理」是指「在慣性系統（靜止或做等速直線運動的系統）中，所有的物理定律都同樣地成立」。例如，在地面（靜止系統）和以一定速度行駛的電車內（做等速直線運動的系統），朝正上方投出一顆球，這兩個系統的球都會回到手中，這是因為對球作用的物理定律相同。

而「光速不變原理」是指「光速永遠保持每秒30萬公里，與觀測場所的速率和光源的運動速率無關」。依照日常的知識，在以時速50公里行駛的電車內，朝行進方向投出一顆時速100公里的球，則電車外所看到的球速會變成時速150公里（50公里＋100公里）。但是，光速並不適用這樣的速度加法（或減法）。

光速不變原理已經透過實驗加以證實，看來我們似乎只能認定「宇宙的原則就是依據無論由誰來看，光的速率都不變」。

飄浮在宇宙間的太空人

以接近光速移動的光源

以接近光速朝左飛行的太空船

光永遠以秒速30萬公里行進

無論從飄浮在宇宙間的太空人來看，或從接近光速飛行的太空船內來看，也或者從秒速30公里繞著太陽公轉的地球上來看，光都是以每秒30萬公里（更準確地說，每秒29萬9792.458公里）的速度行進。例如，即使搭乘秒速10萬公里的太空船來追逐光，對太空船而言，光速也不會變成每秒20萬公里，仍然保持每秒30萬公里的速度行進。

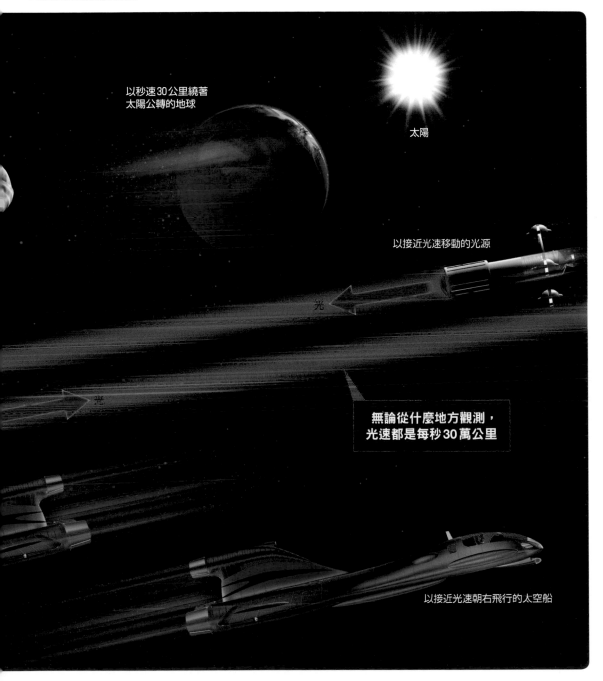

以秒速30公里繞著
太陽公轉的地球

太陽

以接近光速移動的光源

光

光

無論從什麼地方觀測，
光速都是每秒30萬公里

以接近光速朝右飛行的太空船

會伸縮的時間
和空間

假設有一艘 1 年後會爆炸的太空船，以80%光速（24萬公里／秒）返航距離1.3光年遠的母船。若按平常邏輯，太空船抵達母船之前就會爆炸才對，但根據狹義相對論，這艘太空船會在爆炸之前返抵母船。因為如果物體是以接近光速的速率運動，則時間和空間（時空）會伸縮的緣故。

設光的速率為 c（公尺／秒），運動物體的速率為 v（公尺／秒），則對太空船上（運動中）和母船內（靜止不動）的人而言，時間的進行會不一樣，分別是前者為 t' 而後者為 t，兩者之間成立以下的關係，即「$t' = \sqrt{1 - \left(\frac{v}{c}\right)^2}\, t$」

也就是說，對於母船內的人（不動者）而言，太空船（運動中物體）上時間的進行會變慢 $\sqrt{1 - \left(\frac{v}{c}\right)^2}$ 倍。

但另一方面，太空船上的人（運動者）並沒有感覺到時間變慢。反而是由於時空的扭曲，對於太空船上的人（運動者）而言，與母船之間的距離縮短了 $\sqrt{1 - \left(\frac{v}{c}\right)^2}$ 倍。

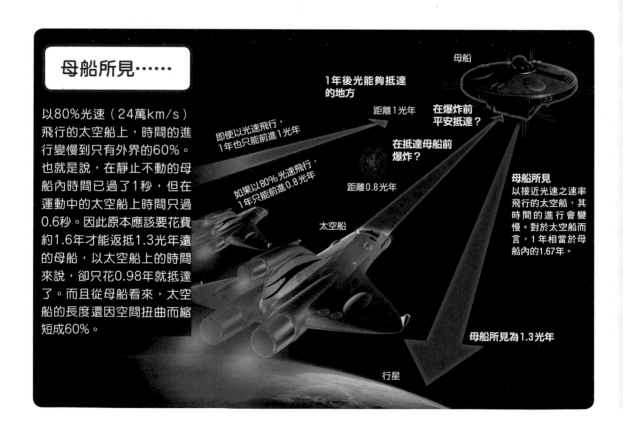

母船所見……

以80%光速（24萬km/s）飛行的太空船上，時間的進行變慢到只有外界的60%。也就是說，在靜止不動的母船內時間已過了1秒，但在運動中的太空船上時間只過0.6秒。因此原本應該要花費約1.6年才能返抵1.3光年遠的母船，以太空船上的時間來說，卻只花0.98年就抵達了。而且從母船看來，太空船的長度還因空間扭曲而縮短成60%。

即使以光速飛行，1年也只能前進1光年

如果以80%光速飛行，1年只能前進0.8光年

1年後光能夠抵達的地方

距離1光年

距離0.8光年

太空船

母船

在爆炸前平安抵達？

在抵達母船前爆炸？

母船所見
以接近光速之速率飛行的太空船，其時間的進行會變慢。對於太空船而言，1年相當於母船內的1.67年。

母船所見為1.3光年

行星

太空船

行星 ←1.3光年→ 母船

太空船所見……

對以80%光速 （24萬km/s）飛行的太空船而言，空間縮短了60%。因此，原本母船與太空船的距離有1.3光年，兩者距離縮短為0.78光年。因此，以太空船上的時間來說，將能在約0.98年後抵達母船。

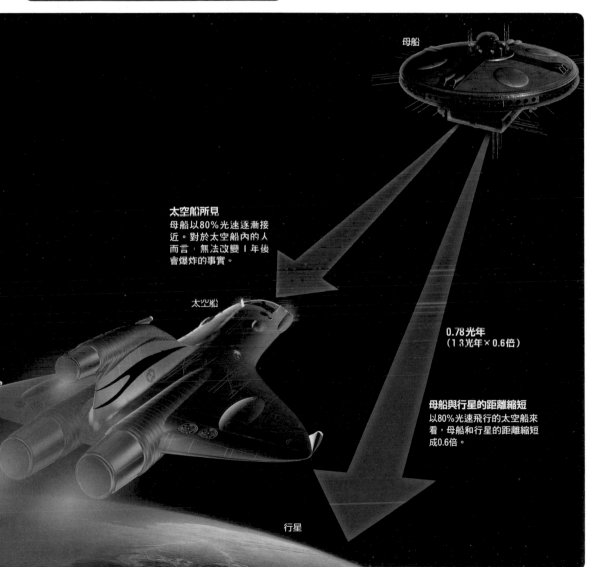

母船

太空船所見
母船以80%光速逐漸接近。對於太空船內的人而言，無法改變1年後會爆炸的事實。

太空船

0.78光年
（1.3光年×0.6倍）

母船與行星的距離縮短
以80%光速飛行的太空船來看，母船和行星的距離縮短成0.6倍。

行星

相對論認為重力來自空間的扭曲

── 般大多會認為光是筆直行進的。但事實上我們已經知道,在有重力存在的地方,光的行進路線會彎曲。

廣義相對論認為重力之所以發生作用,是「因為空間扭曲了」。在物體的周圍會因為它的質量造成空間扭曲,而光在這扭曲的空間中行進,因此看似被物體吸引。光由於重力而彎曲的現象,已經藉由天體的觀測得以證實。位於巨大質量天體背側的天體,會顯現出因重力而扭曲成弓形的影像,這樣的現象稱為「重力透鏡效應」(gravitational lensing effect)。不僅是光,對物體作用的重力也是空間扭曲的結果。我們會被地球拉住,是因為地球質量造成空間扭曲,物體的質量越大,其周圍空間的扭曲(亦即重力)也越大。

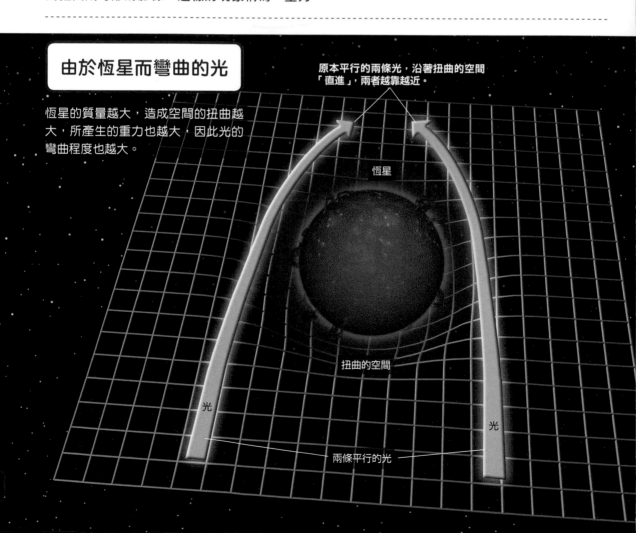

由於恆星而彎曲的光

原本平行的兩條光,沿著扭曲的空間「直進」,兩者越靠越近。

恆星的質量越大,造成空間的扭曲越大,所產生的重力也越大,因此光的彎曲程度也越大。

恆星

扭曲的空間

光

光

兩條平行的光

地球會公轉也是因為空間的扭曲

大質量恆星會將空間大幅扭曲，產生強大的重力。我們所處的太陽系行星，被太陽質量造成之空間扭曲而產生的重力拉住，因而繞著太陽公轉。

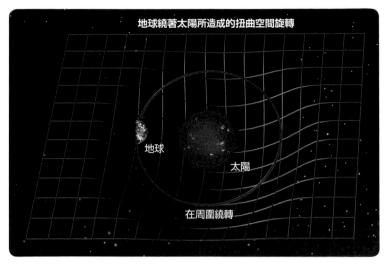

地球繞著太陽所造成的扭曲空間旋轉

地球

太陽

在周圍繞轉

重力透鏡效應產生的「笑臉」

美國航空暨太空總署（NASA）的哈伯太空望遠鏡（Hubble Space Telescope）所拍攝到星系團SDSS J1038＋4849的影像。由於星系團重力所造成重力透鏡效應，使得星系團背側星系的影像扭曲成弓形，顯現出彷若嘴角上揚的笑臉輪廓。

專欄 COLUMN 　由於重力波的偵測實驗而獲頒諾貝爾物理學獎

2016年2月，美國重力波觀測裝置「雷射干涉儀重力波天文台」（Laser Interferometer Gravitational-Wave Observatory，LIGO）的研究團隊，首度成功地直接偵測到重力波（時空扭曲以波之形式傳播的現象）。LIGO偵測到的重力波是兩個黑洞碰撞及合併所產生的波。這項成就使得韋斯（Rainer Weiss，1932～）、巴瑞許（Barry C. Barish，1936～）和索恩（Kip S. Thorne，1940～）3位美國物理學家在2017年獲頒諾貝爾物理學獎。

廣義相對論②

時間的進行會因重力而變慢

如 右頁圖所示，光的行進會因恆星的重力而彎曲。光具有寬度，所以離恆星較遠的外側邊緣長度（AB間），會比離恆星較近的內側邊緣長度（CD間）要來得長一些。

從光帶外側邊緣自由落下的觀測者X來看，眼前的光仍然是以秒速30萬公里筆直行進，因為自由落下的箱子內為無重力狀態（沒有重力影響的慣性系統）。同樣地，從光帶內側邊緣的觀測者Y來看，眼前的光也是秒速30萬公里。

「光行進的距離＝光速×時間」。對觀測者X和Y來說，光速都是秒速30萬公里，但因「距離AB>距離CD」，所以對於兩位觀測者而言，如果觀測者Y的時間沒有比X較慢的話，就會顯得不合理。因此在光帶內側，亦即離恆星比較近而重力比較強的地方，時間的進行會比較慢。重力越強，則時間的進行越慢。

重力越強則時間越慢

假設有兩個箱子受到恆星的重力吸引而自由落下，箱內分別有觀測者X和觀測者Y。在這個狀況下，離恆星較近的Y所受到的重力，會比離恆星較遠的X來得大一些。

對於X和Y而言，光的速率都同樣是秒速30萬公里。雖然AB間的距離比CD間的長，但兩者光速卻相同，因此時間的進行必定是Y要比X慢。重力越強，時間進行得越慢。

專欄 COLUMN ▷ 地球上時間的進行也會有差異

光在地球上的彎曲極為細微，所造成的時間變化也極為渺小，因此人類不會察覺到它的變化。但在2020年發表的一篇論文指出，根據觀測的結果，確定東京天空樹展望台的 1 天時間比地面快了10億分之 4 秒。

東京天空樹
（高度634公尺）

幾近直進的光
光在地球上的彎曲極為細微，所以時間的變化也極為渺小。

在黑洞周邊，時間會停止

具有強大重力的黑洞，能使光大幅彎曲而將之吞噬。任何物體一旦被吸進黑洞表面（事件視界，event horizon）的內側，就永遠無法脫逃出來。

　　時間在黑洞附近的行進也會變得極端緩慢，甚至在黑洞的表面會停止進行，因此無論地球上經過了多少年，黑洞表面卻連1秒鐘時間都沒有前進。

黑洞

遭黑洞吞噬的光

在黑洞境界處，時間會停止

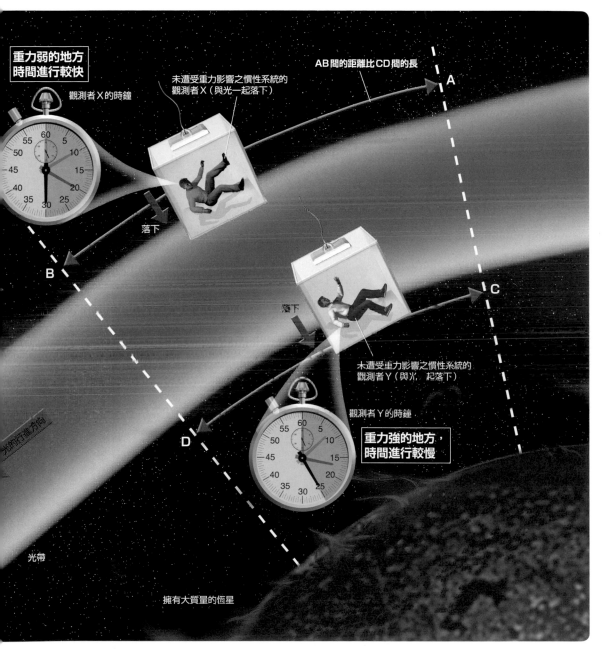

重力弱的地方
時間進行較快

觀測者X的時鐘

未遭受重力影響之慣性系統的觀測者X（與光一起落下）

AB間的距離比CD間的長

A

落下

B

未遭受重力影響之慣性系統的觀測者Y（與光一起落下）

落下

C

觀測者Y的時鐘

重力強的地方，
時間進行較慢

D

光的行進方向

光帶

擁有大質量的恆星

構成物質的「原子」和「力」都是由基本粒子所形成

構成物質的原子是由原子核及在其周圍繞轉的電子所構成。位於中心的原子核是由質子和中子所構成。但是，質子和中子並非無法再繼續分割的最小粒子。質子和中子是由稱為「基本粒子」（elementary particle）的更小粒子所構成。順帶一提，電子也是基本粒子的一種。

基本粒子主要分成兩大類，第一類是構成質子和中子的「夸克」，第二類是電子及「微中子」。另外，還有傳達力之作用的基本粒子，以及產生質量的基本粒子等等。

利用基本粒子來說明物質和力的理論稱為「標準模型」（standard model），如今已成為基本粒子物理學的基礎理論。

所有物質都是由基本粒子構成

我們身邊的一切物質全都是由原子所構成。而原子則是由 3 種基本粒子所構成，分別是構成原子核裡之質子與中子的上夸克和下夸克，以及在原子核周圍繞轉的電子這 3 種。

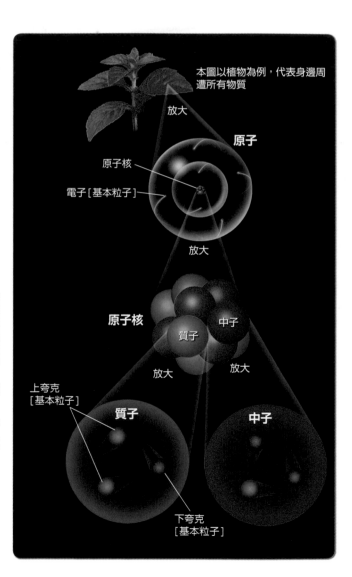

本圖以植物為例，代表身邊周遭所有物質

放大

原子

原子核

電子 [基本粒子]

放大

原子核

中子

質子

放大　　　放大

上夸克 [基本粒子]

質子

中子

下夸克 [基本粒子]

基本粒子一覽

下圖所示為已經發現其存在，或者認為其確實存在的基本粒子彙整一覽表。大致上可分為「構成物質的基本粒子類」（夸克、電子、微中子等）、「傳達力的基本粒子類」，以及使物質具有質量的「希格斯玻色子」等等。粒子左邊數字表示以電子為基準的質量，粒子中央數字表示電荷值。

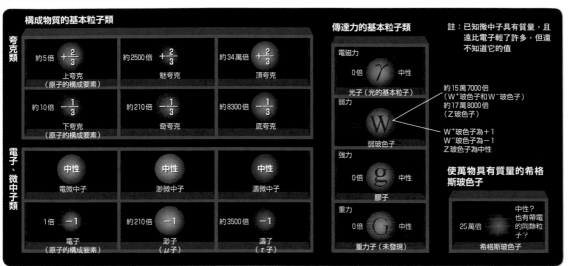

構成物質的基本粒子類

夸克類

約5倍 $+\frac{2}{3}$ 上夸克（原子的構成要素）

約2500倍 $+\frac{2}{3}$ 魅夸克

約34萬倍 $+\frac{2}{3}$ 頂夸克

約10倍 $-\frac{1}{3}$ 下夸克（原子的構成要素）

約210倍 $-\frac{1}{3}$ 奇夸克

約8300倍 $-\frac{1}{3}$ 底夸克

電子、微中子類

中性 電微中子

中性 渺微中子

中性 濤微中子

1倍 -1 電子（原子的構成要素）

約210倍 -1 渺子（μ子）

約3500倍 -1 濤了（τ子）

傳達力的基本粒子類

電磁力

0倍 γ 中性 光子（光的基本粒子）

弱力

W 弱玻色子

約15萬7000倍（W^+玻色子和W^-玻色子）
約17萬8000倍（Z玻色子）

W^+玻色子為$+1$
W^-玻色子為-1
Z玻色子為中性

強力

0倍 g 中性 膠子

重力

0倍 G 中性 重力子（未發現）

註：已知微中子具有質量，且遠比電子輕了許多，但還不知道它的值

使萬物具有質量的希格斯玻色子

25萬倍 中性？也有帶電的同類粒子？ 希格斯玻色子

構成物質的基本粒子

構成物質的基本粒子有12種。日本物理學家小林誠、益川敏夫在1973年預言其中6種夸克的存在，因此獲頒2008年諾貝爾物理學獎。

傳達力的基本粒子

已知自然界有4種力（→第184頁）。分別為「電磁力」、「強力」、「弱力」、「重力」。各由傳達該種作用力的基本粒子所產生。

使萬物具有質量的希格斯玻色子

所有物質都具有質量。物質質量取決於物體運動的難易度（加速的難易度）。充滿宇宙間的希格斯玻色子藉由與其他基本粒子頻繁碰撞而產生物質質量（→第186頁）。

専欄 COLUMN

反物質確實存在！

在電影、小說、動畫中經常出現的「反物質」（antimatter）並非想像的產物，而是實際存在的物質。上方所列舉的基本粒子都各自擁有與其成對存在的「反粒子」。而且，由反粒子構成的「反質子」、「反中子」等等，已經藉由實驗而確認存在。理論上，由反物質構成的「反人類」也有可能存在。

成對的粒子和反粒子如果相遇，會釋出龐大的能量而一起湮滅消失，稱為「成對湮滅」（pair-annihilation）。

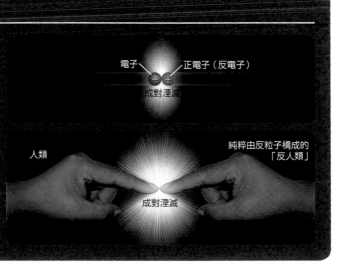

電子　　　正電子（反電子）

成對湮滅

人類

純粹由反粒子構成的「反人類」

成對湮滅

同屬「構成物質的基本粒子類」的夸克與微中子

基本粒子之中，構成質子和中子這類的基本粒子稱為「夸克」（quark）。

宇宙中充滿了稱為「宇宙線」或「宇宙射線」的放射線，這些宇宙線是由於恆星爆炸而噴射出來等因素所產生的，速度與光速相同，並且具有龐大的能量。從1950年代開始，藉由這些宇宙線的觀測以及使用加速器（把質子等加速的實驗裝置）所進行的實驗，已經知道有十分類似質子和中子的粒子存在。經過一段很長的時間，始終

無法探明其真實本質，直到1960年代才逐漸明白，它是由各式各樣的基本粒子集結形成的粒子，並且陸續發現了「上夸克」（up quark）、「下夸克」（down quark）和「奇夸克」（strange quark）這3種夸克。

其後，日本物理學家益川敏英和小林誠又預測還有另外3種夸克存在。後來果真發現了「魅夸克」（charm quark）和「頂夸克」（top quark）、「底夸克」（bottom quark）。

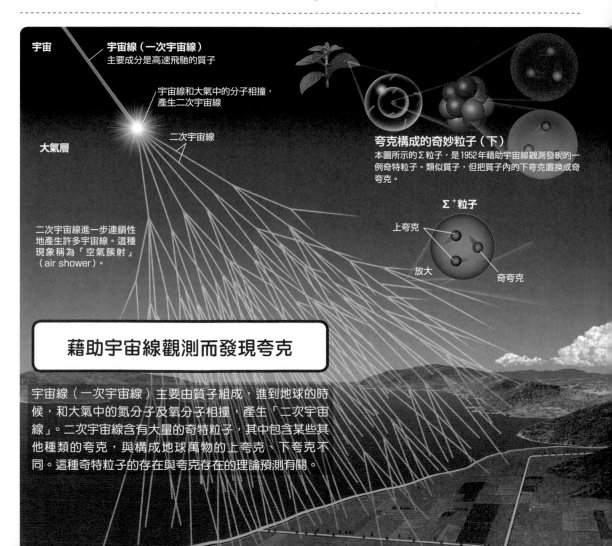

宇宙

宇宙線（一次宇宙線）
主要成分是高速飛馳的質子

宇宙線和大氣中的分子相撞，產生二次宇宙線

大氣層

二次宇宙線

夸克構成的奇妙粒子（下）
本圖所示的Σ粒子，是1952年藉助宇宙線觀測發現的一例奇特粒子。類似質子，但把質子內的下夸克置換成奇夸克。

二次宇宙線進一步連鎖性地產生許多宇宙線。這種現象稱為「空氣簇射」（air shower）。

Σ⁺粒子

上夸克

放大

奇夸克

藉助宇宙線觀測而發現夸克

宇宙線（一次宇宙線）主要由質子組成，進到地球的時候，和大氣中的氮分子及氧分子相撞，產生「二次宇宙線」。二次宇宙線含有大量的奇特粒子，其中包含某些其他種類的夸克，與構成地球萬物的上夸克、下夸克不同。這種奇特粒子的存在與夸克存在的理論預測有關。

發現微中子

1930年代的許多科學家，因為放射性物質發生β衰變時，會出現真相不明的能量減少現象，而感到十分困擾。其中甚至有些科學家主張，發生β衰變的時候，不成立能量守恆定律。但是，瑞士物理學家包立（Wolfgang Ernst Pauli，1900～1958）卻認為，這是因為放出未知粒子的緣故。從而預測了微中子（neutrino）的存在。

到了1937年，藉由宇宙線的觀測而發現了「渺子」（muon），自此之後，又陸續發現了許多新的微中子。現在已經知悉，放射性物質發生β衰變時，會放出β射線（電子）和微中子。

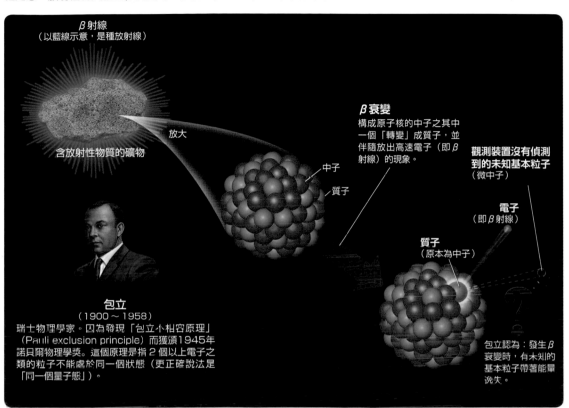

β射線
（以藍線示意，是種放射線）

放大

含放射性物質的礦物

中子
質子

β衰變
構成原子核的中子之其中一個「轉變」成質子，並伴隨放出高速電子（即β射線）的現象。

觀測裝置沒有偵測到的未知基本粒子
（微中子）

電子
（即β射線）

質子
（原本為中子）

包立認為：發生β衰變時，有未知的基本粒子帶著能量逸失。

包立
（1900～1958）
瑞士物理學家。因為發現「包立不相容原理」（Pauli exclusion principle）而獲頒1945年諾貝爾物理學獎。這個原理是指2個以上電子之類的粒子不能處於同一個狀態（更正確說法是「同一個量子態」）。

能穿透任何物質的微中子

專欄
COLUMN

太陽也會放出大量的微中子。我們的周圍存在著從太陽輻射出來的大量微中子，據估計，它們的數量高達1秒鐘內每平方公分大約660億個。

微中子具有能夠穿透任何物質的性質，因此通常無法觀測到，只有在極為罕見地撞上物質時才能觀測到。1987年，日本物理學家小柴昌俊利用日本岐阜縣神岡礦山地底下的觀測裝置「神岡探測器」（Kamiokande），偵測到恆星爆炸現象（超新星爆炸）所產生的微中子，因此頒獲2002年諾貝爾物理學獎。

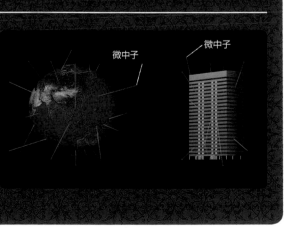

微中子

微中子

基本交互作用

自然界有4種基本力存在

科學家認為自然界有4種基本力（基本粒子之間的基本交互作用）。第一種是電場（電力所及的空間）和磁場（磁力所及的空間）兩者之間彼此互相影響而產生的「電磁力」（electromagnetic force）；第二種是藉質量使物體間產生吸引作用的「重力」（gravity）；第三種和第四種是在基本粒子微觀世界中發揮作用的「強力」（strong force）和「弱力」（weak force）。

基本粒子物理學一般是以粒子的移轉來說明這4種力的作用。在電磁力的狀況中，這些粒子稱為「光子」（photon）。同樣地，重力的粒子稱為「重力子」（graviton），強力的粒子稱為「膠子」（gluon），弱力的粒子稱為「弱玻色子」（weak boson）。不過截至目前為止，還沒有發現重力子。

朝永振一郎
（1906～1979）

電子

光子的移轉

光子的移轉

吸收的光子

電子

吸收

放出的光子

放出

電磁力示意圖

帶電的基本粒子會放出或吸收沒有質量的光子，藉著光子在基本粒子間的移轉，而發揮電磁力的作用。像這樣，利用光子的移轉來說明電磁力的理論，稱為「量子電磁力學」。日本的朝永振一郎由於在此領域的卓越貢獻而獲頒1965年諾貝爾物理學獎。

強力示意圖

質子和中子由 3 個夸克構成。把這些夸克結合在一起的力，即為強力。所謂的「強」，意指它比電磁力強。

在質子和中子裡，夸克之間一直在吸收、放出一種稱為「膠子」的粒子，藉由這個交互作用產生強力，把夸克群結合在一起。膠子和光子一樣沒有質量，不會在電子和微中子之間起作用。

湯川秀樹
（1907～1981）
質子和中子一直在「吸收或放出」一種稱為「介子」的粒子，藉此產生「核力」。日本湯川秀樹提出核力的理論，因而獲頒1949年諾貝爾物理學獎。

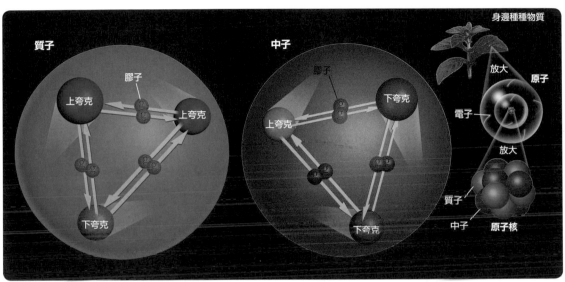

弱力示意圖

在放射性物質發生 β 衰變（→第183 頁）時發揮的作用力，即為弱力。所謂的「弱」，意指它比電磁力弱。弱力強度為電磁力的1000 分之 1 左右，強力的 10 萬分之 1 左右。

放射性物質內的中子裡的下夸克，會放出傳達弱力的弱玻色子，從而轉變成上夸克，藉此引發 β 衰變。這個時候所放出的弱玻色子會轉變成電子和反電微中子。

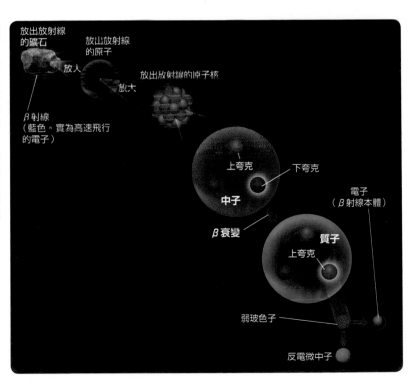

產生質量的希格斯玻色子

在各種粒子陸續發現期間，英國物理學家希格斯（Peter Ware Higgs，1929～）於1964年預測有一種新的基本粒子存在。這是種可使物質產生質量的粒子，依提出者的名字而命名為「希格斯玻色子」（Higgs boson），也稱為「希氏粒子」。

希格斯玻色子不僅存在於物質的內部，也充滿於空氣和宇宙等我們身邊周遭的所有空間。這種

希格斯玻色子會藉著與其他基本粒子碰撞而使物體產生質量。不過，光子能夠不與希格斯玻色子碰撞而持續行進，所以不具有質量，也能夠不減速而始終保持光速。也就是說，利用這種希格斯玻色子，就能夠說明為什麼有些基本粒子有質量，有些則無。希格斯玻色子是在2012年發現的。

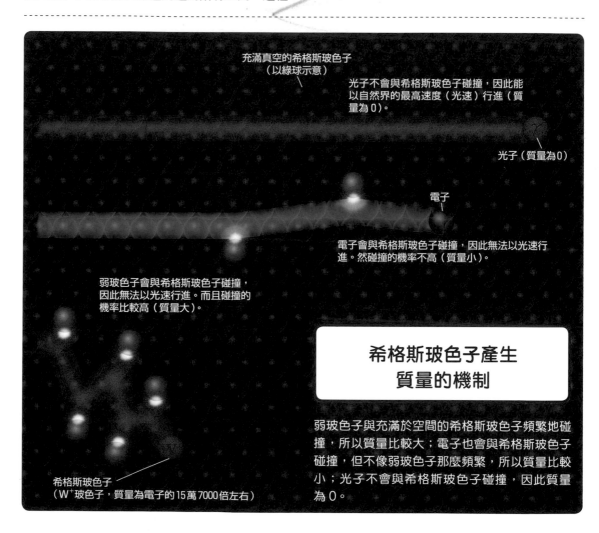

充滿真空的希格斯玻色子
（以綠球示意）

光子不會與希格斯玻色子碰撞，因此能以自然界的最高速度（光速）行進（質量為0）。

光子（質量為0）

電子

電子會與希格斯玻色子碰撞，因此無法以光速行進。然碰撞的機率不高（質量小）。

弱玻色子會與希格斯玻色子碰撞，因此無法以光速行進。而且碰撞的機率比較高（質量大）。

希格斯玻色子產生質量的機制

弱玻色子與充滿於空間的希格斯玻色子頻繁地碰撞，所以質量比較大；電子也會與希格斯玻色子碰撞，但不像弱玻色子那麼頻繁，所以質量比較小；光子不會與希格斯玻色子碰撞，因此質量為0。

希格斯玻色子
（W$^+$玻色子，質量為電子的15萬7000倍左右）

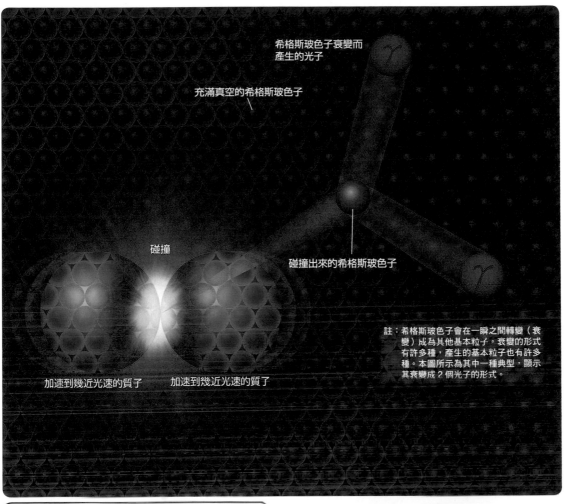

希格斯玻色子衰變而
產生的光子

充滿真空的希格斯玻色子

碰撞

碰撞出來的希格斯玻色子

加速到幾近光速的質子　　加速到幾近光速的質子

註：希格斯玻色子會在一瞬之間轉變（衰
　　變）成為其他基本粒子。衰變的形式
　　有許多種，產生的基本粒子也有許多
　　種。本圖所示為其中一種典型，顯示
　　其衰變成 2 個光子的形式。

觀測希格斯玻色子的嘗試

希格斯玻色子是很難觀測到的粒子，有很長一段時間始
終無法發現它的蹤跡。為此，歐洲原子核研究機構
（CERN）使用稱為大型強子對撞型加速器（Large
Hardron Collider，LHC）的巨大實驗裝置，進行觀測
希格斯玻色子的研究。使用這個裝置把質子加速到幾近
光速，再使它們碰撞，企圖藉此撞出希格斯玻色子。終
於在2012年 7 月，CERN宣布發現了希格斯玻色子。

希格斯
（1929～）
英國物理學家希格斯和比利時物
理學家恩格勒（François
Englert，1932～）分別提出關於
基本粒子如何獲得質量的理論。
同 時，希格斯也依據理論預測希
格斯玻色子的存在。由於這項成
就，這兩位學者在2013年共同獲
頒諾貝爾物理學獎。

表示世界萬事萬物的數學式

廣義相對論是在我們肉眼可見的世界，或是像宇宙這樣的巨觀世界，才能成立的重力理論，並不適用於原子及基本粒子之類的微觀世界。另一方面，處理微觀世界的量子力學，則尚未成功地納入重力。

因此，科學家絞盡腦汁想把這兩個理論融合在一起。應期待而生的，就是把產生力作用的基本粒子相關定律，和產生時間與空間（時空）扭曲的重力相關定律，統合成為一個數學式。

這個數學式到現在還沒有完成，不過如果完成的話，則從基本粒子到星系、運動及力的作用等等，幾乎宇宙的一切現象，應該都能利用這個數學式來表示。

用數學式表示萬事萬物的道理？

從微觀的視點來看，蘋果是由基本粒子所構成，而蘋果從樹上掉下來的現象，則與時空扭

空間與時間

$$S = \int d^4x \sqrt{-\det G_{\mu\nu}(x)} \left\{ \frac{1}{16\pi G_N} \left(R[G_{\mu\nu}(x)] - \Lambda \right) \right.$$

第1代表項

$$+ |D_\mu \Phi(x)|^2$$

第4代表項

曲所產生的重力有關。由此可知，宇宙的一切物質和現象，都是依據基本粒子行為和時空性質而成立。基於此原理，如果把這兩者結合在一起，便能說明宇宙萬事萬物。所以，這個能將基本粒子行為和時空性質結合在一起的數學式，便也能將世界萬事萬物的狀況完全表示清楚。

數學式中各項所表示的事物

　　這個數學式有 6 個代表項。首先，第 1 代表項表示與「重力」有關的現象；第 2 代表項表示 4 個力中的 3 個，亦即與重力除外的「電磁力」、「強力」、「弱力」相關的現象；第 3 代表項表示與「基本粒子」和「反粒子」相關的現象；第 4、5 代表項表示與充滿希格斯玻色子的空間

「希格斯場」（Higgs field）相關的現象，最後第 6 代表項則表示與「希格斯場和基本粒子之關係」相關的現象。

　　根據廣義相對論，「時空會依觀測的立場（觀測者）而伸長、縮短或彎曲」。數學式開頭的部分，就是為了要使得出的答案能夠相符而設立的項。

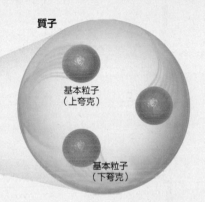

原子

基本粒子
（電子）

基本粒子
（光子）

原子核

質子

基本粒子
（上夸克）

基本粒子
（下夸克）

只要知道空間與時間、基本粒子，就能說明宇宙的一切！

$$-\frac{1}{4}\sum_{j=1}^{3}\mathrm{tr}\left(F_{\mu\nu}^{(j)}(x)\right)^2 + \sum_{f}\overline{\psi}^{(f)}(x)\ i\ \not{D}\ \psi^{(f)}(x)$$

第2代表項　　　　　　　　　　　　　第3代表項

$$-V[\Phi(x)] + \sum_{g,h}\left(y_{gh}\ \Phi(x)\ \overline{\psi}^{(g)}(x)\ \psi^{(h)}(x)\ +\ h.c.\right)\Big\}$$

第5代表項　　　　　　　　第6代表項

量子論與廣義相對論的整合

自然界有 4 種基本力（→第 184 頁），其中重力是最微弱的，至今依然包覆在重重的謎團之中。與重力本身，以及與產生重力的時間和空間（時空）相關的物理學，就是相對論。

另一方面，量子論可以說是闡明原子和基本粒子等行為的物理學。像這樣，相對論和量子論所處理的範圍並不相同，所以如果想要利用相對論來計算電磁力，就會出現破綻。

把原本應該會出現破綻的這兩個理論統合起來的理論，稱為「量子重力理論」（quantum gravity theory）。「表示世界萬事萬物的數學式」（→第 188 頁）就與這個理論有密切關係，但這個數學式尚未完成，它還有一些缺點存在，例如對於暗物質（dark matter）的存在、宇宙的開端等等現象，都無法圓滿說明。

相對論和量子論之間的鴻溝

量子論為了防止計算結果發散至無限大，採取「重整化」（renormalization）這種數學技巧。這是把基本粒子當成沒有大小的點來進行計算，乃日本的朝永振一郎等學者所提出的方法。

但是，在微觀世界中要計算重力並不適用重整化，計算結果會出現無限大的情形。這件事阻礙了相對論與量子論的整合。重力的計算無法適用重整化，原因可能在於微觀世界中的一切事物都在波動（漲落、起伏）。

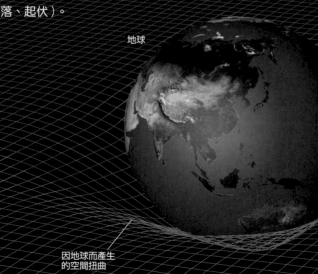

地球

因月球而產生的空間扭曲

月球

相對論
具有質量的物體所在之處必定會產生重力。相對論認為，重力的本質是空間的扭曲。圖中把 3 維空間畫成類似 2 維橡膠膜的樣子。質量越大，則物體周圍產生的重力（空間的扭曲）越大。

因地球而產生的空間扭曲

專欄
COLUMN

是否有時間的「原子」存在？

根據現今標準物理學的觀點，把時間和空間都視為是「連續的」。但也有認為時間和空間具有最小單位的理論，那就是「迴圈量子重力理論」（loop quantum gravity theory）。

這個理論認為空間具有無法再繼續分割的最小單位。而根據其中某個模型，更認為時間也具有最小單位。由於這種時間和空間的最小單

右圖中把「空間的最小單位」畫成多邊形小粒子。而空間的最小單位集結形成的構造，則顯示出每經過一個「時間的最小單位」時，逐漸變化的模樣。

空間有「最小單位」嗎？

時間有「最小單位」嗎？

位太過微小，所以我們只能感受到它們是連續的。這個理論還處於假說的階段，但若發展完成，或許有可能成為整合廣義相對論和量子論而成立的「終極理論」。

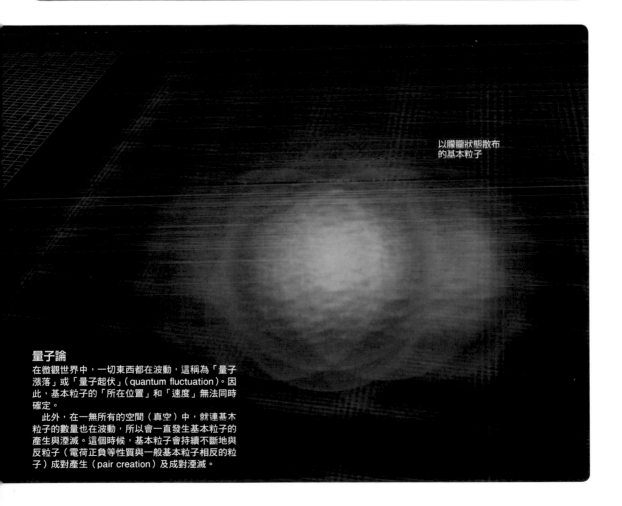

以朦朧狀態散布的基本粒子

量子論
在微觀世界中，一切東西都在波動，這稱為「量子漲落」或「量子起伏」（quantum fluctuation）。因此，基本粒子的「所在位置」和「速度」無法同時確定。

此外，在一無所有的空間（真空）中，就連基本粒子的數量也在波動，所以會一直發生基本粒子的產生與湮滅。這個時候，基本粒子會持續不斷地與反粒子（電荷正負等性質與一般基本粒子相反的粒子）成對產生（pair creation）及成對湮滅。

基本粒子或許是微小的「弦」在振動

近年來，有一個物理學的新理論備受矚目，那就是「超弦理論」（superstring theory）。簡單來說，就是主張基本粒子是類似具有長度之弦的理論。

在超弦理論之前的量子論，認為基本粒子是類似點的東西，但若當做點狀物來考量，在計算的過程中有時會出現破綻。但若依循超弦理論來計算，便能解決前述所出現的矛盾。

超弦理論的雛形是在1960年代由日本物理學家南部陽一郎等人提出。不過，到目前為止，還沒有發現基本粒子是弦的證據。

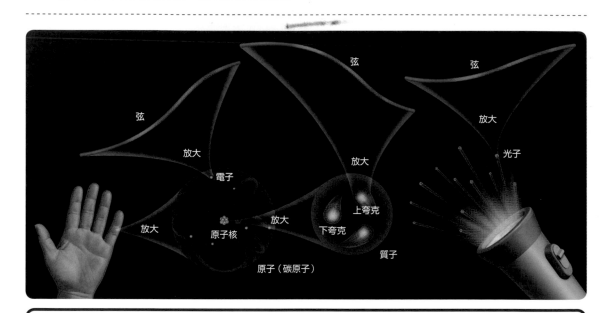

弦

弦

弦

放大

放大

放大

放大

光子

電子

原子核

上夸克

下夸克

原子（碳原子）

質子

基本粒子的本質是一種弦!?

量子論認為基本粒子有十多種，但超弦理論則認為弦只有1種。超弦理論認為，弦會由於振動的方式等因素，呈現出不同種類的基本粒子。

弦也能拉長、切斷、結合，也有可能成為像環一樣的封閉狀態。電子、光子等已知的基本粒子，基本上屬開放的弦。另一方面，重力的基本粒子「重力子」（尚未發現）則可能是封閉的弦。據推估，弦的大小是在10^{-35}～10^{-33}公尺左右，小到無法觀測。

弦的振動為 9 維度？

如果要把弦的振動和基本粒子的作用毫無矛盾地結合在一起，弦的振動方向必須有 9 種才行，這代表弦的振動是在 9 維度的空間中振動。

除了我們所認識的 3 維度外，6 維度可能微小到無法感知的程度，這稱為「緊緻化」（compactification）。超過 3 以上的空間維度，在物理學上稱為「額外維度」（extra dimensions）或「額外次元」。

右圖所示為 6 維度空間緊緻化而捲縮成的小圓點，稱為「卡拉比─丘空間」（Calabi─Yau space）。由於無法正確描繪 4 維度以上的空間，這僅是想像圖，但儘管如此，確實有可能隱藏這樣的高維度空間。

專欄 膜世界假說

我們居住的世界是浮在高維度空間的膜狀物（brane），這樣的構想稱為「膜世界假說」（brane world hypothesis）。根據這個假說，物質、光等開放的弦，其兩端乃連在膜上無法脫離。

另一方面，重力子這類封閉的弦沒有端頭，所以能脫離膜而移動。也就是說，可能只有重力能夠向高維度空間傳遞。

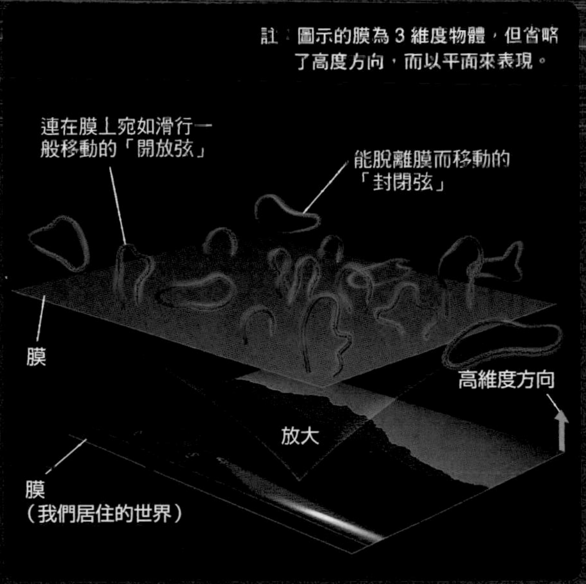

註：圖示的膜為 3 維度物體，但省略了高度方向，而以平面來表現。

連在膜上宛如滑行一般移動的「開放弦」

能脫離膜而移動的「封閉弦」

膜

高維度方向

放大

膜（我們居住的世界）

超弦理論與宇宙的開端

現在科學家大多認為，宇宙大約是在138億年前從「無」誕生。在宇宙誕生後的10^{-36}秒到10^{-34}秒的期間，發生了急遽的膨脹，稱為「暴脹」（inflation）。暴脹後成為超高溫火球宇宙，基本粒子四處飛竄，稱為「大霹靂」（Big Bang）。

在宇宙肇始之際，基本粒子擠在狹窄的空間內，成為高溫、高密度的狀態。由於有基本粒子高密度存在，就如同其中有極重（質量極大）的物質存在一樣，會產生強大的重力。因此當時的狀況可能是構成物質的基本粒子和重力子等傳遞力的基本粒子，高密度地混雜在一起。那麼，在這樣的狀況下，基本粒子（弦）彼此之間是如何地互相影響呢？能夠只有超弦理論能對所有種類的基本粒子（弦）進行這樣的計算。

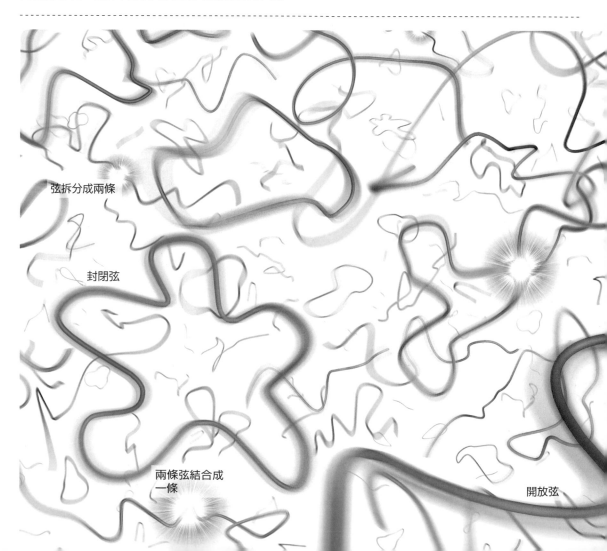

弦拆分成兩條

封閉弦

兩條弦結合成一條

開放弦

宇宙歷史由「點」肇始

右為宇宙歷史的示意圖。科學家認為，宇宙大約誕生於138億年前，從一個「點」肇始，歷經急速膨脹（暴脹）階段之後緩和下來，逐漸形成現今的樣貌。圓的直徑表示當時宇宙的大小。初期宇宙處於高溫、高密度的灼熱狀態，後來空間膨脹而溫度下降，逐漸產生恆星及恆星聚集而成的星系等構造。

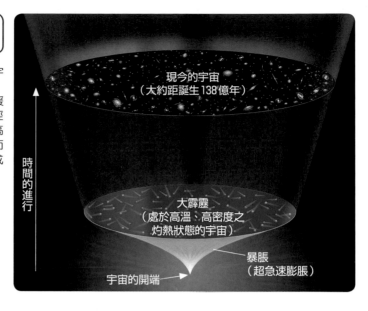

現今的宇宙
（大約距誕生138億年）

時間的進行

大霹靂
（處於高溫、高密度之灼熱狀態的宇宙）

暴脹
（超急速膨脹）

宇宙的開端

擠滿弦的宇宙開端

左為根據超弦理論描繪的宇宙初生示意圖。極可能擠滿了構成物質的基本粒子（弦）和傳遞力的基本粒子（弦），亦可能處於極端高溫的狀態。弦也很可能還比現在的弦更長，且劇烈地振動著。

根據超弦理論所做的預言與實驗結果一致

專欄
COLUMN

座落於美國紐約州的布魯克海文國家實驗室（Brookhaven National Laboratory）使用一圈約4公里長的巨型加速器「相對論性重離子對撞型加速器」（Relativistic Heavy-Ion Collider，RHIC）進行使金原子核正面碰撞的實驗。碰撞後的金原子核成為夸克和膠子分離的狀態，稱為「夸克─膠子電漿」（quark-gluon plasma）。宇宙剛誕生時即可能充滿這種電漿。

在這個實驗中所觀測夸克─膠子電漿的各種數值，和根據超弦理論計算的結果大致相符。這個結果並沒有證明超弦理論本身，但已顯示根據超弦理論採的計算方法是有效的。

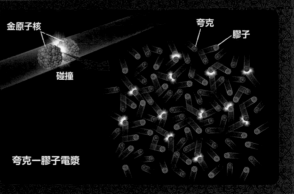

金原子核

夸克

膠子

碰撞

夸克─膠子電漿

目標是統一自然界的4種力

17 世紀的牛頓發現，控制宇宙中天體運動的力和使物體掉落至地面上的力，都是相同的力。牛頓的萬有引力定律將作用於天體的力和地上的力予以統一。

到了19世紀，馬克士威建立電磁學，使電力和磁力能統合成為「電磁力」而進行處理。現在已經明白，電磁力是塑造一切原子及分子所必需的力。帶正電的原子核和帶負電的電子藉由電磁力互相吸引，結合成為原子及分子，進而構成所有的物體。

身邊常見的各種力，除了重力以外，可以說都是電磁力的複雜呈現。使用球棒擊球之類物體彼此接觸時的反彈力、推動沉重書櫃時的摩擦力、空氣阻力、蹓狗時拉動繫繩的拉力等等，全都是以原子彼此間互相作用的電磁力（引力或斥力）為基礎。

物理學把乍看之下似乎不同的各種力「統一」起來加以闡釋，

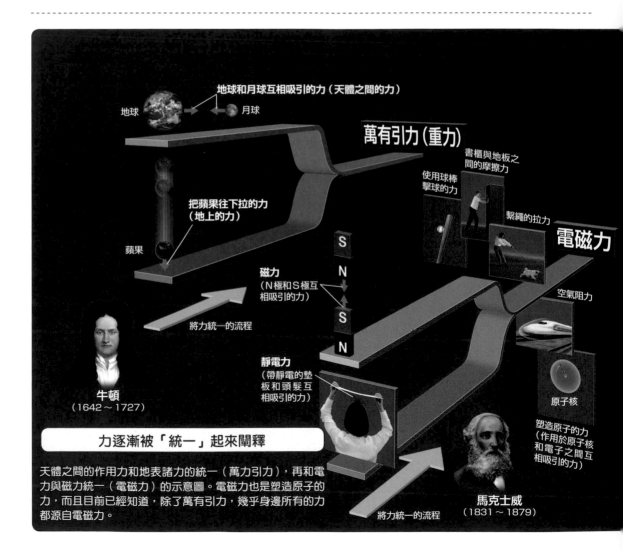

力逐漸被「統一」起來闡釋

天體之間的作用力和地表諸力的統一（萬有引力），再和電力與磁力統一（電磁力）的示意圖。電磁力也是塑造原子的力，而且目前已經知道，除了萬有引力，幾乎身邊所有的力都源自電磁力。

逐步加深了我們對自然界的認識，這種做法迄今仍不斷地傳承著。基本粒子物理學家把所有自然界的基本力，亦即電磁力、強力、弱力、重力，從理論上「統一」列為最大的目標。他們企圖把原本依循不同理論各自說明的4種力，放在一個理論中，做為一種力來統合闡釋。

把電磁力和弱力統一闡釋的「電弱統一理論」（unified electro-weak theory），也稱為「溫伯格－薩拉姆理論」（Weinberg-Salam theory），

是於1967年完成的。根據這個理論，電磁力和弱力在本質上是相同的力，但因為傳遞力的基本粒子重量（質量）不同，導致產生「作用能及於多遠程度」等方面的差異。傳遞電磁力的「光子」重量為零，但傳遞弱力的「弱玻色子」重量高達質子的90～100倍。

電弱統一理論是構成基本粒子物理學之標準模型的重要理論。反過來說，藉由標準模型而實現力的統一，目前僅止於此而已。若要再進一步達到力的統一，還

須建立超越標準模型的理論才行。

基本粒子物理學家正在進行研究，試圖建立除了電磁力和弱力外，再把強力也涵括在內的統一理論。更進一步，連重力也統一起來的「終極理論」也正在進行以理論層面為主的探究。前面介紹的「量子重力理論」和「超弦理論」都是它的候選理論。

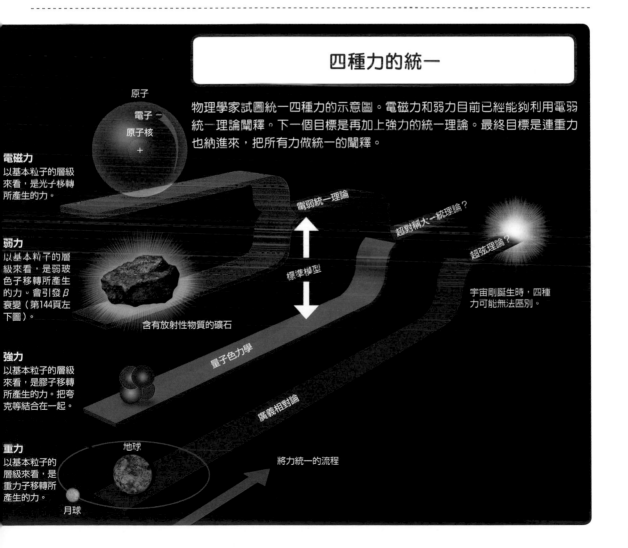

四種力的統一

物理學家試圖統一四種力的示意圖。電磁力和弱力目前已經能夠利用電弱統一理論闡釋。下一個目標是再加上強力的統一理論。最終目標是連重力也納進來，把所有力做統一的闡釋。

原子
電子 －
原子核
＋

電磁力
以基本粒子的層級來看，是光子移轉所產生的力。

弱力
以基本粒子的層級來看，是弱玻色子移轉所產生的力。會引發 β 衰變（第144頁左下圖）。

含有放射性物質的礦石

電弱統一理論

超對稱大一統理論？

超弦理論？

標準模型

宇宙剛誕生時，四種力可能無法區別。

強力
以基本粒子的層級來看，是膠子移轉所產生的力。把夸克等結合在一起。

量子色力學

重力
以基本粒子的層級來看，是重力子移轉所產生的力。

廣義相對論

地球

月球

將力統一的流程

諾貝爾物理學獎著名得主的偉大成就一覽表

頒獎年度	獲獎人	國籍	獲獎原因
1901年	倫琴	德意志帝國	發現X射線。
1903年	貝克勒	法國	發現天然放射線。
	皮耶・居禮	法國	進行貝克勒所發現的天然放射線相關研究。
	瑪麗・居禮	法國	
1909年	馬可尼	義大利王國	對於無線電通訊發展的貢獻。
	布勞恩	德意志帝國	
1910年	范德瓦耳斯	荷蘭	關於氣體和液體的狀態方程式（以溫度、壓力及體積等數值表示物質狀態的式子）之研究。
1918年	普朗克	德意志帝國	發現量子，並推動量子論的誕生。
1921年	愛因斯坦	瑞士	對理論物理學的貢獻，特別是光電效應（因光的能量而從物質驅出電子的現象）定律的發現。
1922年	波耳	丹麥	原子模型的建立等等，原子物理學的相關研究。
1932年	海森堡	德國	量子力學的創立及其運用，以及發現氫的同素異形體。
1933年	薛丁格	奧地利	關於量子力學等的各種發現。
	狄拉克	英國	
1938年	費米	義大利王國	人造放射性元素的生成，發現慢中子（低動能中子）引發的原子核反應。
1949年	湯川秀樹	日本	預言介子的存在。
1965年	朝永振一郎	日本	對推動量子電磁力學發展的貢獻。
	施溫格	美國	
	費曼	美國	
1973年	江崎玲於奈	日本	發現半導體和超導體內的穿隧效應（粒子穿透理應無法穿透之障壁的現象）。

年份	姓名	國籍	貢獻
1978年	彭齊亞斯	美國	發現宇宙微波背景輻射。
	威爾遜	美國	
1986年	魯斯卡	西德	電子應用於光學的相關基礎研究，與電子顯微鏡的設計。
2002年	小柴昌俊	日本	對天體物理學的先驅性貢獻，特別是偵測到宇宙微中子。
	戴維斯	美國	
2008年	南部陽一郎	日本	發現自發對稱性破缺（天然發生的對稱性破缺現象。能夠圓滿說明大霹靂後的宇宙）的機制。
	小林誠	日本	發現對稱性破缺的起源，並依此預測至少有6種夸克存在。
	益川敏英	日本	
2014年	赤崎勇	日本	發明藍色發光二極體。
	天野浩	日本	
	中村修二	美國	
2015年	梶田隆章	日本	發現微中子震盪，以確認微中子具有質量。
	麥克唐納	加拿大	
2018年	阿什金	美國	開發光學鑷子。
	穆魯	法國	開發超高功率、超短脈衝雷射的產生方法。
	斯特里克蘭	加拿大	
2019年	吉皮布爾斯	美國	物理宇宙論相關理論的發現。
	梅爾	瑞士	發現一顆環繞太陽型恆星（飛馬座51星）運行的太陽系外行星。
	奎洛茲	瑞士	

本表僅從歷年諾貝爾物理學獎得主當中挑選部分著名獲獎人，介紹其主要貢獻。

🔍 基本用語解説

ISS
International Space Station。 國際太空站。在地球上空 400 公里處建造的研究設施,由許多國家共同運用。

JAXA
Japan Aerospace Exploration Agency。日本宇宙航空研究開發機構。負責太空人派遣、探測機開發等等廣範圍的太空開發工作。

NASA
National Aeronautics and Space Administration。美國航空暨太空總署。1958 年設立,領導阿波羅計畫及國際太空站的開發等太空開發工作的機構。

大氣壓
一個場所因大氣(空氣)而產生的壓力。會依標高及氣象條件等因素而改變。

大霹靂
宇宙剛誕生時超高溫、超高密度的灼熱狀態。

干涉
波的普遍性質之一。多個波疊合會產生新的波形。波峰和波峰疊合則波會增高(振幅加大),波峰和波谷疊合則會互相抵消。

中子
構成原子核的粒子之一。電性為中性,質量與質子約略相同。

分子
類似氫分子和水分子,由 2 個以上的原子結合而構成的物質。電性為中性。也有像氦氣分子這樣的單原子分子。

太陽系
太陽及在其周圍繞轉的行星和小行星等天體所組成的集團。

牛頓力學
牛頓所建構的力學系統。可用於描述球體及天體等物體的運動。

功
當做物理用語時,用來做為能量的定義之一。利用施加於物體的力乘以因此而移動的距離來求算。

加速度
速度在一定時間內的變化量。利用「速度的變化 ÷ 經過時間」來求算。

可見光
電磁波的一種,波長在 400 ～ 800 微米左右的區段。人類肉眼能夠感知的光。

平方反比定律
某個量與距離的 2 次方成反比的定律。例如重力、電力、磁力等等數值。

皮(p)
單位的詞頭之一。表示 1 兆分之 1。

光子
基本粒子之一。電磁波兼具波和粒子的性質。當著眼於粒子的性質時,就把電磁波稱為光子。

光速
光在真空中傳播的速度,1 秒鐘行進大約 30 萬公里。這個速度是宇宙中最快的速度。

向量
具有大小與方向的量。以箭矢的長度和指向來表示。

夸克
構成質子和中子的基本粒子。

宇宙的開端
科學家認為宇宙有開端,並推估現今宇宙的年齡大約 138 億歲。闡明宇宙的開端是現代物理學的重大目標之一。

奈(n)
單位的詞頭之一。表示 10 億分之 1。

拋物線
在地表投擲物體的情況下,該物體飛行軌跡所描畫的形狀。

波長
聲波及電磁波等波之前後相隨的兩波峰(重覆的 1 個單位)或兩波谷間的距離。波長是決定波之性質的重要元素。

相對論
愛因斯坦建構的關於時間與空間、重力的理論。有狹義相對論和廣義相對論。

重力
物體與其他物體互相吸引的力。隨物體的質量成正比增大,與距離的 2 次方成反比。

重量
作用於物體的重力大小。即使是同一個物體,也會因場所不同而具有不同的重量。重量和「質量」是物質的不同屬性。

原子核
位於原子的中心,由質子和中子構成的團塊。

原子
構成世界一切物體的粒子。原子內有質子、中子和電子,依據這些粒子的數量決定原子的種類及重量等等。

原子模型
關於原子內部構造的模型。許多物理學家試圖加以闡明,到了 20 世紀初期才開始逐漸明朗化。

核反應
原子核彼此融合為一個(核融合),或分裂為兩個(核分裂)的現象。這個時候,有一部分質量轉換成能量。較之一般化學反應(燃燒等)所獲得的能量,核反應產生的能量十分龐大。太陽等恆星就是藉由核融合而發光的。

能量守恆定律
即使是在能量轉換成另一種形態的情況,轉換前後總能量也不會改變的定律。

能量
物體等所具備之「做功能力」的總稱。能量有各式各樣的形態,可以從某種形態轉換成另一種形態。

動量
關於物體運動的量。定義為物體質量與速度的乘積。

基本交互作用
基本粒子彼此間的基本作用。已知的基本交互作用有電磁力、弱力(弱交互作用)、強力(強交互作用)和重力這四種。

基本粒子
構成物質最基本的粒子,亦即無法再進一步分割的粒子。

密度
物質每個單位體積的質量。表示物質的「密集程度」。

產業革命
18 世紀以降,從英國萌發的產業及社會結構變革,也稱為工業革命。由於蒸氣機等動力源的開發及諸多因素,使產業的規模得以擴大,並且進展為機械化。

速度
表示物體運動速率(時速等)及其運動方向的量度。

速率
表示物體運動快慢的量度,例如時速等等。和把運動方向也含括在內的「速度」並不相同。

發電廠
利用磁鐵在線圈旁移動可產生電流的「電磁感應」現象來發電的處所。以火力發電廠來說,是把燃燒燃料所獲得的熱能轉換成蒸氣的動能,用於驅動磁鐵旋轉來發電。

絕對時間與絕對空間
牛頓所倡導的概念。主張時間在宇宙中任何地方都一樣地流動,空間則普遍不動。後來根據相對論得知,時間和空間都會伸長及縮短。

絕對溫度
溫度的一種單位,符號為 K(克耳文)。刻度間距與一般攝氏溫度(℃)相同,0 克耳文相當於負 273.15℃。物理學上常用的溫度單位。

超弦理論
大一統理論中一個備受期待的候選理論,可能把自然界存在的四種基本交互作用全部統合在一起。尚未完成,但許多物理學家正殫精竭慮地進行研究。

超導性
把物質冷卻到極低溫時,電阻變成零的現象。

量子
兼具粒子和波之性質的物質及能量的最小單位。單位數值並非連續性,而是跳階式的值。

量子論
闡明微觀世界中各種狀態的理論。

陽光
太陽發出的光。依人類肉眼看起來是透明無色,但實際上是各種波長(顏色)的可見光混合在一起所呈現的狀態。

微(μ)
單位的詞頭之一。表示 100 萬分之 1。

萬有引力定律
具有質量的物體全都會互相吸引的定律。引力的大小與物體質量成正比,與距離的 2 次方成反比。牛頓發現,地面上的物體和宇宙中的天體都受到同一種力所支配。

電子
構成原子的要素之一,基本粒子的一種。帶著負電荷。

電磁波
藉由電場和磁場的振動而在空間傳播的波的總稱。也能在真空中傳播。依照波長由短至長,可分為 γ 射線、X 射線、紫外線、可見光、紅外線、無線電波,但各種電磁波的波長分界點並沒有明確的定義。

電漿
氣體加熱到極高溫時,原子核和電子(正離子與負離子)離散而自由運動的狀態。

慣性
物體運動的性質,即運動中的物體力圖保持原來的速度持續運動,靜止的物體則仍保持靜止。

線圈
把鐵絲之類的線狀物捲繞成螺旋狀或旋渦狀而製成的組件。應用於發電機、電動機、變壓器……之中。

質子
構成原子核的粒子之一,帶著正電荷。也是原子序 1 的氫原子核。

質量
物體重量的根源,也是物體之慣性的量度。重量會受到重力的影響,但質量不會因重力而改變。

橢圓
如同壓扁的圓。行星的公轉軌道通常為橢圓形。壓扁的程度稱為離心率。

橫波
介質振動方向與波行進方向垂直的波。電磁波及地震的 S 波等都屬於橫波。

縱波
介質振動方向與波行進方向相同(平行)的波。例如聲波、地震的 P 波等等,都屬於縱波。

離子
帶著電荷的原子或原子團。帶著正電荷的離子稱為陽離子或正離子,帶著負電荷的離子稱為陰離子或負離子。

Index

▼ 索引

$S=k\log W$

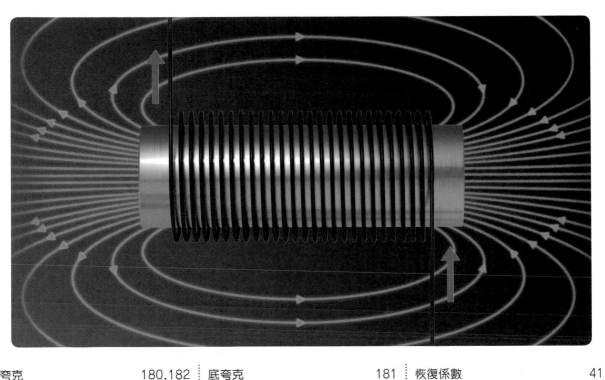

Index

索引

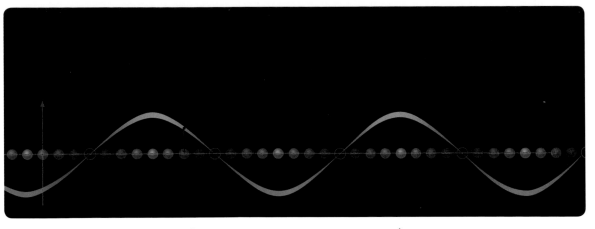

結　語

讀者們對物理的世界有什麼感想呢？

物理學是一門十分寬廣的學問，從生活周遭的現象到宇宙開端如此深遠的謎題，

都在它涉及的範圍之內。

被雨淋溼也好，把水煮沸也罷，甚至滑一下手機等等，

在人們通常不太會意識到的平日生活中，

其實潛藏著各樣的物理學。

各位在讀了本書後，想必都能夠領略物理學的珍貴價值和「高強本領」，

深深地體會到物理學的魅力吧！

在這個世界看到的各種現象，

總是急迫地想要了解它的原因，殷切地想要明白它的法則。

這樣的心情，自有人類的歷史以來就不曾斷絕消失過。

隱藏在各位讀者心中的某種求知欲和好奇心，

可以說是人類的本能或宿命吧！

對於潛藏在身邊各種現象中的物理定律，

以及尚未完成的終極物理學等等，

請各位務必活用本書試著好好思考一下！

Staff

Editorial Management	木村直之
Editorial Staff	中村真哉，上月隆志，赤谷拓和
Design Format	三河真一（株式会社ロッケン）
DTP Operation	阿万 愛

Photograph

008-009	【ボイジャー】Brian Kumanchik, Christian Lopez. NASA/JPL-Caltech
016	JAXA/NASA
018	GeniusMinus/stock.adobe.com
021	Peter Hermes Furian/stock.adobe.com
027	Joggie Botma/stock.adobe.com
038	JAXA
045	navintar/stock.adobe.com
049	beeboys/stock.adobe.com, picsfive/stock.adobe.com
050	VIAR PRO studio/stock.adobe.com
051	silverkblack/stock.adobe.com
054	praewpailyn/stock.adobe.com, master1305/stock.adobe.com
055	NASA
098	hanapon1002/stock.adobe.com
099	hoya/stock.adobe.com
103	radiorio/stock.adobe.com
106	aerogondo/stock.adobe.com, Anton Gvozdikov/stock.adobe.com
109	shige/stock.adobe.com
118	yamasan/stock.adobe.com
140-141	oka/stock.adobe.com
158	engel.ac/stock.adobe.com
177	NASA/ESA
198	安友康博/Newton Press
199	安友康博/Newton Press, Bart Harris/アフロ/Newton Press, 三輪英児/Newton Press, 永野一晃/Newton Press, 名城大学, 安友康博/Newton Press, 安友康博/Newton Press, 安友康博/Newton Press

Illustration

Cover Design	三河真一（株式会社ロッケン）
006-007	Newton Press
008	【ガリレオ，デカルト】小﨑哲太郎
010-011	Newton Press
012-013	富﨑NORI
014-015	Rey.Hori
017	Newton Press
019	富﨑NORI，【ガリレオ】小﨑哲太郎
020	富﨑NORI
021	Newton Press
022-023	小林稔
024～028	Newton Press
029	木下真一郎
030	小林 稔
031～033	Newton Press
034-035	木下真一郎
036～051	Newton Press
052-053	カサネ・治
055～061	Newton Press
062-063	カサネ・治
064～153	Newton Press
153	【ラザフォード】山本 匠
154～163	Newton Press
164-165	Newton Press・Ray.Hori
166～183	Newton Press
183	【パウリ】山本 匠
184	Newton Pres
184	【朝永振一郎】黒田清桐（参考写真：アフロ）
185	【湯川秀樹】黒田清桐（参考写真：アフロ）
185～187	Newton Press
187	【ヒッグス】黒田清桐（参考写真：アフロ）
188～195	Newton Press
196-197	Newton Press
196	【ニュートン】小﨑哲太郎，【マクスウェル】黒田清桐
198	黒田清桐（参考写真：アフロ），黒田清桐（参考写真：アフロ）
202～205	Newton Press

Galileo 科學大圖鑑系列 02
VISUAL BOOK OF THE PHYSICS

物理大圖鑑

作者／日本 Newton Press
執行副總編輯／陳育仁
編輯顧問／吳家恆
翻譯／黃經良
編輯／林庭安
商標設計／吉松薛爾
發行人／周元白
出版者／人人出版股份有限公司
地址／231028新北市新店區寶橋路235巷6弄6號7樓
電話／(02)2918-3366（代表號）
傳真／(02)2914-0000
網址／www.jjp.com.tw
郵政劃撥帳號／16402311人人出版股份有限公司
製版印刷／長城製版印刷股份有限公司
電話／(02)2918-3366（代表號）
經銷商／聯合發行股份有限公司
電話／(02)2917-8022
第一版第一刷／2021年06月
第一版第二刷／2021年12月
定價／平裝新台幣630元
港幣210元

NEWTON DAIZUKAN SERIES BUTSURI DAIZUKAN
©2020 by Newton Press Inc.
Chinese translation rights in complex characters
arranged with Newton Press through Japan UNI Agency,
Inc., Tokyo
www.newtonpress.co.jp
著作權所有　翻印必究

國家圖書館出版品預行編目資料

物理大圖鑑 = Visual book of the physics/
日本 Newton Press 作；
黃經良翻譯. -- 第一版. --
新北市：人人出版股份有限公司, 2021.06
面；　公分. --（伽利略科學大圖鑑；2）
ISBN 978-986-461-244-4（平裝）. --
　1.物理學 2.中等教育

524.36　　　　　　　　　　110007163